아마도
가장쉬운
배당투자
설명서

아마도
가장쉬운
배당투자
설명서

초판 발행 2021년 7월 15일
3쇄 발행 2023년 12월 20일

지은이 권대경
펴낸이 유해룡
펴낸곳 ㈜스마트북스
출판등록 2010년 3월 5일 | 제2021-000149호
주소 서울시 영등포구 영등포로5길 19, 동아프라임밸리 1007호
편집전화 02)337-7800 | **영업전화** 02)337-7810 | **팩스** 02)337-7811
원고투고 www.smartbooks21.com/about/publication
홈페이지 www.smartbooks21.com

ISBN 979-11-90238-58-8   13320

아마도
가장 쉬운
배당투자
설명서

권대경 지음

스마트북스

투자가 어려운 당신을 위한 가벼운 첫걸음

이미 시중에는 수많은 투자전문가들이 쓴 주식투자서가 있습니다. 때문에 많은 사람들이 PER주가수익비율, PBR주가순자산비율, 양봉, 음봉, 재무제표, 매출액경상이익률, 이동평균선 등의 딱딱한 단어들을 한 번쯤은 들어봤을 것입니다. 하지만 냉정히 말해서 이런 개념들을 확실히 이해하고 응용해 투자에 적용하는 사람이 얼마나 될까요?

치과질환을 간단명료하게 설명했다고 생각했는데

저는 치과의사입니다. 저 나름대로는 치과질환을 무릎을 칠 정도로 간단명료하게 설명했다고 좋아했는데, 나중에 보면 환자분들이 제 설명을 이해하지 못한 경우가 많았습니다. 본인의 분야는 본인에게만 쉽게 이해된다는 사실을 종종 망각하는 것입니다.

역으로 저 역시 수많은 투자전문가들의 책을 읽고 공부를 했지만 비전문가 입장에서는 이해하기가 쉽지 않았습니다. 게다가 이를 실제 투자에 응용해 실적으로 이어가기는 더욱더 어려웠습니다. 놀라운 것은 이른바 공부머리가 좀 있다 하는 주변 치과의사 친구들을 살펴봐도, 복잡한 주식개념을 이해하고 응용해 투자하는 사람은 생각보다 별로 없었다는 점입니다. 처음에는 의지를 가지고 분석예측을 시도하다가 어려우니 집어던지고, 결국 소문이나 뉴스에 의존하는 '느낌적인 느낌'을 따르는 투자자로 변해가는 모습을 많이 봤습니다.

저위험, 저수익이라는 인덱스펀드에 대한 고정관념

이러한 주변의 모습을 보니, 고득점 욕심에 방대한 범위를 보기보다, 외울 수 있는 것만 집중공략했을 때 시험 결과가 더 좋았던 학창시절이 떠올랐습니다. 이것이 제가 전체 시장을 추종하는 인덱스펀드에 빠지게 된 계기였습니다. 어차피 요즘 시대에 투자는 필수이니 하긴 해야겠고, 안전하고 확실하게 저위험 저수익이라도 올리자는 생각이었지요.

그러던 중 인덱스펀드는 안전투자이니 수익도 적을 수밖에 없다는 제 생각을 망치로 때리는 듯한 사건이 있었습니다. 바로 20세기 4대 투자 거장으로 불리는 '인덱스펀드의 아버지' 존 보글의 이론을 접했을 때였습니다. 존 보글은 그의 저서 『모든 주식을 소유하라』의 대부분을 할애하여, 인덱스펀드는 '저위험 저수익Low risk, Low return'은커녕 장기적으로는 대부분의 투자자들을 앞지르는 '저위험 최고수익Low risk, Best return'을 낸다는 것을 꼼꼼한 수학적 분석으로 빈틈없이 증명했습니다. 또한 인덱스펀드가 배당투자에서도 최상급의 무기임을 증명해냅니다.

인덱스펀드라는 단 하나의 필살기로 2년 만에 자산증가율 537%

이후 저는 전체 주식시장 지수를 추종하는 인덱스펀드, 이 하나의 필살기를 손에 쥐고 휘두르며 황소처럼 묵묵히 자산을 늘려갔습니다.

미국 전체 주식시장 지수를 추종하는 인덱스펀드의 최근 100년간 연평균 수익률은 약 10%입니다. 워런 버핏의 연평균 수익률이 통산 약 20%임을 감안하면 엄청난 수치이지요.

몇 십 %씩 오르락내리락하는 급등주에 익숙해진 분들에게는 10%도 다소 시시해 보일 수 있습니다. 하지만 장기적으로 봤을 때 자산을 불리는 것의 핵심은 단기적인 수익률이 아니라 누적되는 증가율입니다. 즉 오랫동안 '눈덩이를 굴리는 것'이 중요하고, 이를 위해 선행되어야 할 것은 바로 깨지지 않는 안정적인 눈덩이를 고르는 것입니다.

긴 시간 인덱스펀드 공부를 마치고 확신을 얻은 저는 그동안 모은 돈을 투입하여 2019년부터 '돈 덩어리'를 굴리기 시작합니다. 제가 투자하는 미국 전체 시장 추종 인덱스펀드는 세계에서 가장 안전한 주식종목 중 하나입니다. 그래서 주식시장에 눈이 오나 비가 오나 아무 걱정

없이 매달 남는 돈을 마구마구 퍼부었고, 쉴 새 없이 굴려진 '돈 덩어리'는 2년 만에 약 537% 증가했습니다. 매달 지급되는 배당금 역시 비슷한 비율로 증가한 상태입니다. 이것이 바로 제가 수익률보다 자산증가율을 중시하는 이유입니다. 투자기간 동안 등락에 연연하지 않고 매일 아무 걱정 없이 두 다리 잘 뻗고 잘 잔 것은 덤이지요.

코로나19 위기 이후 발생한 특수 과열기에 높은 수익률을 내다가, 투자횟수가 늘어날수록 자본이 깎여나가면서 뒤늦게 인덱스펀드에 대해 묻는 친구들이 늘었습니다. 또한 누구보다 성실하고 묵묵하게 많은 저축을 했고, 이제는 조금씩 투자로 굴려보고 싶은데 그 방법을 몰라서 힘들어하는 친구들도 많이 봤습니다.

이 책이 그들에게 답이 되었으면 합니다. 투자를 어려워하고, 투자에 많은 시간을 할애하기가 힘든 이들에게 쉽고도 가벼운 첫걸음을 내딛게 해줄 것입니다.

최소 시간, 최대 효율의 간단한 투자법

저는 풍족하지 못한 유소년기를 보냈습니다. 때문에 주변의 소중한 사람들은 이러한 경제적 고충을 겪지 않길 바라는 마음이 가득합니다.

어려운 상황에서도 누구나 쉽게 따라할 수 있는 간단한 투자법이 있다고 말하고 싶습니다. 이 책은 감히 말하자면, 그 어떤 책을 가져와도 비교대상을 찾기 어려울 정도로 가장 쉽고 간단한 투자법을 담은 책이라고 자부합니다. 내용이 쉽다고 적당한 투자성과로 타협하는 방법을 알려주는 것은 아닙니다. 가장 쉽고 간단한 방법이지만 최고의 수익을 목표로 합니다.

제 주무기는 미국 인덱스펀드입니다. 하지만 시중에는 인덱스펀드를 심층분석한 책 자체가 별로 없을 뿐만 아니라 그나마 있는 책들도 미국인이 미국 인덱스펀드를 다뤘거나, 한국인이 한국 인덱스펀드를 다룬 책이 대부분입니다. 환율의 영향을 받는 한국인의 입장에서 미국 인덱스펀드를 분석한 책이 필요하다 생각했습니다.

해외의 신뢰성 있는 자료들을 모았고, 추가적으로 제가 직접 수집하고 추출한 데이터를 바탕으로 여러 가지 독창적인 시뮬레이션을 했습니다. 그 결과 기존 통념을 뒤집는 흥미로운 결과들을 도출했고, 그 내용을 이 책에 담았습니다.

아주 특이하게도 이 책의 핵심 투자전략은 첫 장에 모두 공개됩니다. 그만큼 단순하고 간단합니다. 나머지 뒷장들은 이 전략이 도저히 믿기지 않는 사람들을 위한 증명의 장일 뿐입니다.

"돈은 그저 인생을 원활히 돌아가게 해주는 윤활유일 뿐이다"라는 철학을 몸소 실천하고 보여주신 부모님께 감사드립니다. 덕분에 돈에 대한 올바른 가치관을 갖게 된 저는 돈을 벌기 위해서 인생을 버리는 주객전도를 피할 수 있었습니다. 인생을 원활히 돌리기 위해 꼭 필요한 만큼의 돈만 욕심내고, 나머지 시간에는 인생을 충분히 즐기며 살 수 있었습니다. 저와 비슷한 생각을 가지고 돈과 인생 사이에서 균형을 잡을 줄 아는 사람들과 인연을 맺고 더불어 살아온 것도 행운이라 생각합니다. 또한 투자에 대해서 다소 부정적이고 노동을 신성시하는 제 동생에게도 감사합니다. 덕분에 저는 노동을 중시하는 사람들을 위한, 최소 시간 최대 효율의 간단한 투자법에 대해 고민할 수 있었습니다.

마지막으로 이 책을 쓰는 동안 물심양면으로 지원하고 내용에 대해 함께 고민한 사랑하는 나의 아내에게 감사의 말을 전합니다.

이 책을 계기로 많은 사람들이 손쉽게 경제적 자유에 다가서기를 진심으로 기원합니다.

2021년 7월

권대경 드림

5
PART

백지 상태

주식이 처음인
분들을 위하여

6 PART

실전 투입
VTI 매수 과정
따라하기

저는 매일 주식 시세를 확인하지 않습니다. 하는 것이라고는 한 달에 한 번 월급이 나올 때 VTI를 사는 것뿐입니다. 너무 간단해서 맥이 빠지나요? 그런데 만약에 여러분이 이렇게 쉬운 방법으로 먼 훗날 주변의 어지간한 사람보다 높은 수익률을 올릴 수 있다면 어떻겠습니까? 인덱스펀드는 사실 '가장 과소평가되어 온 억울한 상품' 중 하나입니다.

결론 공개

초장부터 솔직한 인덱스펀드

부자가 되고 싶나요?

똑같이 4인 가족으로 한 달에 500만원씩 지출하는 50억원 자산가인 철수와 영수가 있습니다.

철수는 부동산 가격 상승으로 살고 있는 아파트값이 50억원을 넘었습니다. 하지만 그만큼 높은 보유세를 내야 하고 일을 그만두면 수입이 없기 때문에 매일 일해야 합니다. 한편 영수는 살고 있는 아파트값은 10억원이지만 40억원짜리 상가를 보유한 덕에 매달 1,000만원의 월세가 들어옵니다.

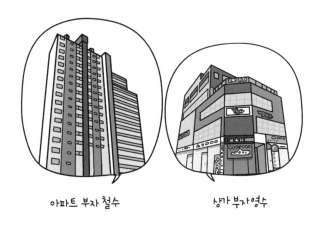

아파트 부자 철수   상가 부자 영수

여러분은 철수와 영수 중에서 어떤 부자가 더 되고 싶습니까? 매달 임대료가 따박따박 들어오는 영수 같은 부자를 더 선호하는 사람이 많을 것이라고 생각합니다. 돈은 절대적인 액수도 중요하지만, 실질적으로 내 삶을 편안하고 윤택하게 하는 수단일 때 그 가치가 있는 것이니까요.

세계적 베스트셀러『부자 아빠 가난한 아빠』의 저자인 로버트 기요사키도 '보유자산을 통해 저절로 들어오는 현금흐름월세, 배당금 등이 지출보다 많아지게 하는 것'이 부자가 되는 길이라고 했습니다.

문제는 40억원짜리 상가를 사는 것이 쉽지 않다는 것이지요. 그렇다면 우리는 40억원을 모으기 전까지는 부자의 꿈을 꿀 수 없는 것일까요? 그렇지 않습니다. 소액이든 거액이든 누구나 실시간으로 본인의 자산에 비례한 현금흐름을 창출할 수 있습니다.

이 책은 이러한 부자가 되는 방법, 즉 현금흐름 창출에 성공한 사람이 되는 법에 대해 설명합니다.

이 책의 구성은 다소 파격적입니다. 부자가 되는 투자법을 첫 장에서, 지금 바로 공개합니다. 이 책의 나머지 뒷부분에서는 이 투자법이 너무 간단해서 믿기지 않는 분들을 위해 신뢰성 있는 자료와 수학적 통계를 사용하여 그 근거를 보여드릴 예정입니다.

결론 선공개,
부자가 되는 투자법

앞서 말씀드렸다시피 현금흐름 부자가 되는 투자법을 지금 바로 공개합니다. 지면 한 장도 아닌 현재 이 한 쪽이면 충분합니다. 그만큼 짧고 간단합니다. 그럼에도 불구하고 현금흐름을 만들어낼 뿐만 아니라 시세차익까지 거둬들이는, 두 마리 토끼를 다 잡는 투자법입니다.

> **결론**
> · 배당을 성실하게 잘 주는 국가의
> · 전체 주식시장 지수를 추종하는 인덱스펀드를
> · 시장 타이밍 따위 고민하지 말고
> · 여유자금이 생길 때마다 계속 모아가라.

저는 세계 2위 자산운용사 뱅가드그룹에서 나온 종목인 VTI를 기회가 될 때마다 수시로 사 모으고 있습니다. VTIVanguard Total stock market Index fund는 세계 1위의 뮤추얼펀드 운용사인 뱅가드그룹에서 운용하는 ETF 상품으로, 미국의 전체 주식시장 지수를 추종하는특정 섹터에

치중되지 않는 ETF의 종목코드입니다. ETFExchange Traded Fund는 말 그 대로 인덱스펀드를 거래소에 상장시켜 투자자들이 주식처럼 편리하게 거래할 수 있도록 만든 상품을 말합니다.

저는 매일 주식 시세를 확인하지 않습니다. 하는 것이라고는 한 달에 한 번 월급이 나올 때 VTI를 사는 것뿐입니다. 너무 간단해서 맥이 빠지나요? 그런데 만약에 여러분이 이렇게 쉬운 방법으로 먼 훗날 주변의 어지간한 사람보다 높은 수익률을 올릴 수 있다면 어떻겠습니까? 인덱스펀드는 사실 가장 과소평가되어 온 억울한 상품 중 하나입니다.

인덱스펀드에 대한 거대한 오해

많은 사람들이 인덱스펀드는 시장 전체의 평균적인 수익이라도 얻기 위해 만들어진 수동적이고 소극적인 상품이라고 생각합니다. 하지만 이는 개발자의 의도와 전혀 다르게 와전된 것입니다.

인덱스펀드의 개발자 존 보글은 수많은 자료분석을 통해, 이른바 최고의 금융전문가들이 운용하는 대부분의 펀드가 장기적으로는 시장평균을 능가하지 못한다는 놀라운 사실을 발견했습니다. 그리고 방대하고 신뢰성 있는 자료를 바탕으로 평생에 걸쳐 인덱스펀드의 우월함을 분석하고 증명했습니다. 즉 인덱스펀드는 평타가 아닌 1등을 하기 위해 개발된 상품인 것입니다.

이러한 인덱스펀드에 대한 거대한 오해를 풀고 그 가치를 증명하기 위해 이 책의 구성은 다음과 같이 했습니다.

- 초반부 인덱스펀드에 대한 오해를 풀고 참뜻을 깨닫는 장
- 중반부 인덱스펀드의 우월함을 수학적으로 증명하는 장
- 후반부 인덱스펀드에 대한 우려를 가라앉히고 달래주는 장

여러분이 시세차익을 중시하는 투자자이든, 배당수익을 중시하는 투자자이든 상관없이 언제나 인덱스펀드는 최상급의 무기가 된다는 증거를 보여드리겠습니다.

[잠깐] 인덱스펀드는 억울하다

저는 인덱스펀드를 소개하려고 이 책을 쓴 것이 아닙니다. 그저 1등 투자법을 소개하려고 했을 뿐입니다. 그런데 통계를 돌릴 때마다 인덱스펀드의 수익률이 자꾸 앞서 나가는데 어찌하란 말입니까? 수많은 오해를 받고 있는 인덱스펀드 입장에서 보면 정말 억울한 일입니다.

2

불장에서 사람들은
과연 코스피를 이겼을까?

2020년 우리나라 코스피시장은 코로나19로 인한 폭락 후 반등으로 폭발하는 활화산 같은 모습을 보였습니다. 주식투자로 너도나도 돈 벌었다는 이야기뿐이었고, 돈 잃은 사람을 찾기가 더 어려울 정도였습니다. 하지만 그중 누적수익률이 코스피의 연중 최저점2020년 3월 19일 대비 상승률인 약 80.1%2020년 11월 30일 기준를 능가한 사람으로 따져보면 투자에 성공한 사람들의 수는 현저히 줄어듭니다.

다음 기사들의 헤드라인을 보면 단타로 시세차익을 노린 사람들의 수익률이 좋지 못한 것을 알 수 있습니다. 또한 2020년에 처음으로 주식계좌를 개설한 이들의 그해 11월 말까지의 수익률을 분석한 통계도 살펴봅시다.물론 사람마다 계좌를 개설한 날짜는 제각각이므로 추세를 확인하는 정도로만 참고하면 됩니다. 30~40대 여성들의 수익률이 높은 것을 확인할 수 있습니다. 그럼 이 세대별, 성별 수익률을 앞서 말한 80.1%의 코스피 수익률과 비교해보겠습니다. 다양한 각도에서의 비교를 위해 코스피지수 진입 시점 세 가지를 정해 수익률을 비교하려 합니다.

3040 우먼버핏 수익률 26%… 단타 친 남성들은 4%

-조선일보, 2020년 12월 23일

주식 열심히 사고파는데…수익률 꼴찌 '20대 男', 1등은 '30대 女'

-매일경제, 2021년 1월 9일

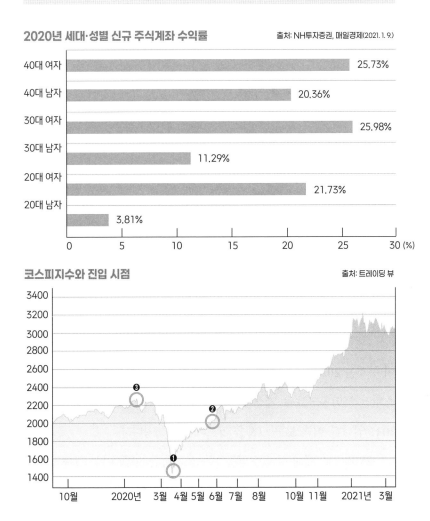

2020년 세대·성별 신규 주식계좌 수익률

출처: NH투자증권, 매일경제(2021. 1. 9.)

- 40대 여자 25.73%
- 40대 남자 20.36%
- 30대 여자 25.98%
- 30대 남자 11.29%
- 20대 여자 21.73%
- 20대 남자 3.81%

코스피지수와 진입 시점

출처: 트레이딩 뷰

①은 운 좋게 코스피가 연중 최저점을 기록한 2020년 3월 19일입니다.

②는 뒷북 치듯이 코스피가 낙폭을 70% 정도 회복한 2020년 5월 26입니다.

③은 최악의 운으로 코로나19로 인한 폭락 직전 코스피 최고점을 기록한 2020년 1월 22일입니다.

이러한 세 가지 진입 시점의 수익률을 방금 봤던 세대별, 성별 그래프와 겹쳐 보겠습니다.

코스피 수익률 vs 세대·성별 수익률

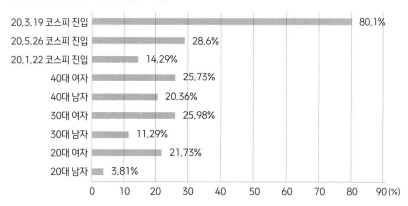

압도적인 수치

이 통계는 2020년 11월 말을 기준으로 한 수익률이므로, 11월 말의 코스피인 2591포인트로 계산을 해보면 코스피 상승률은 저점 대비 약 80.1%입니다. 이는 모든 그룹을 압도하는 수치입니다.

25.98%로 세대·성별 수익률 1등을 기록한 30대 여성 그룹조차도 코스피의 상승률에는 한참 모자람을 알 수 있습니다. 심지어 지수 낙

폭을 70%나 회복한 상태에서 뒷북 치듯이 2020년 5월 26일 코스피에 진입했어도 약 28.6%의 수익률을 내며 30대 여성그룹의 수익률을 능가합니다.

백번 양보해서 2020년 1월 22일에 코스피 인덱스펀드에 투자하는 바람에 코로나19 위기의 충격을 온몸으로 받아낸 최악으로 박복한 투자자조차도 안 팔고 가만히만 놔뒀다면 그해 11월 말 기준 약 14.29%의 수익률로 중간은 갔다는 것을 알 수 있습니다. 그럼에도 불구하고 14.29%보다 낮은 수익률을 기록한 그룹이 있는 것을 보면 참 의아합니다.

관심을 가지고 전 세계 통계들을 찾아보면 알게 될 것입니다. 주식시장이 상승장이든 하락장이든 간에, 선진국이든 개발도상국이든 후진국이든 간에, 다시 말해 어떤 시장과 어떤 상황에서도 시장 평균지수를 추종하는 인덱스펀드는 대부분의 투자자보다 우월한 성과를 보여준다는 사실을 말입니다.

[잠깐] 입시 기준도 안 찾아보고 대학 지원하나요?

어느 대학에 들어가고 싶다는 마음이 생기면 가장 먼저 그 대학의 입시 기준을 확인합니다. 투자도 마찬가지입니다. 최소한 시장 평균수익률 정도는 숙지하고 난 후에 투자 방향을 정하는 것이 순서에 맞지 않을까요? 인덱스펀드는 시장 평균수익률을 똑같이 따라가는 펀드입니다.

도전하기 전에 먼저 기준 확인이 중요!

이 책에서 설명하다시피 장기간 누적되는 인덱스펀드의 수익률은 상당합니다. 만약 인덱스펀드의 수익률만으로 충분히 만족한다면 그냥 속 편하게 인덱스펀드에 투자하는 것이 훨씬 효율적이라고 생각합니다. 설령 투자 목표가 훨씬 높아서 다른 투자법을 선택한다 해도, 일단은 인덱스펀드의 수익률을 정확히 확인해본 후 시작해도 늦지 않습니다.

무작정 투자에 뛰어들어 고생은 고생대로 했는데, 나중에 알고보니 시장 평균보다 수익률이 낮다면 얼마나 허무하겠습니까?

때문에 투자를 시작하는 사람이라면 누구나 인덱스펀드에 대한 예습은 간단히라도 해보길 권합니다.

3

아빠가 널 위해 10년 전에
주식을 사뒀단다
feat. 초우량주 특공대

철수와 영수는 오래전부터 절친한 친구입니다. 비슷한 시기에 결혼을 했고, 우연의 일치로 2000년 5월 14일 같은 날 각자의 아들을 얻었습니다.

주식을 처음 샀던 그날

둘은 자녀 명의 주식계좌를 개설해서 주식을 사놓고 미래에 선물로 주는 게 유행이라 들었습니다. 철수와 영수는 큰 결심을 하고 2010년 11월 30일, 각자의 아들 이름으로 2,000만원어치의 주식을 사서 10년 뒤 아들이 20세가 되는 생일날 선물하기로 합니다. 그런데 종목이 고민입니다.

철수 너는 무슨 종목 살 거냐?

영수 음…, 난 10년 뒤가 어찌 될지 몰라서 코스피시장 전체에 투자하는 인덱스펀드를 사려고.

철수 야, 무식하게 그게 뭐냐. 코스피시장에는 온갖 잡주가 다 섞여 있잖아. 초우량 기업만 엄선하는 게 낫지.

영수 그냥, 나는 잘 모르겠어서.

철수 에휴, 마음대로 해라. 재테크는 부지런한 만큼 버는 거지.

결국 영수는 아무 생각 없이 코스피를 추종하는 인덱스펀드를 2,000만원어치 사고, 철수는 당시 코스피시장에서 시가총액이 1위부터 10위까지인 초우량 기업에 각 200만원씩을 분산투자합니다.

보기만 해도 마음이 든든해지는 철수의 포트폴리오 출처: 서울경제, '코스피 시총 50위 10년간 결과는'

순위	종목	시가총액	투자금액
1	삼성전자	121.7조원	200만원
2	포스코	39.6조원	200만원
3	현대차	38.0조원	200만원
4	현대모비스	26.8조원	200만원
5	LG화학	25.7조원	200만원
6	신한지주	21.2조원	200만원
7	KB금융	20.9조원	200만원
8	삼성생명	19.5조원	200만원
9	기아차	19.4조원	200만원
10	한국전력	17.8조원	200만원

*물적분할된 기존 4위 현대중공업은 제외함

단순하기 그지없는 영수의 포트폴리오

종목	투자금액
코스피 추종 인덱스펀드	2,000만원

10년 뒤 계좌를 열어본 어느 날

세월이 흘러 어느새 2020년 5월 14일, 철수와 영수의 아들이 스무 살 생일을 맞던 날. 두 사람은 잊고 있던 주식계좌를 열어보기로 합니다.

2020년은 코로나19로 인한 경제위기로 전 세계의 주식시장이 엄청난 변동을 보였습니다. 우리나라의 코스피 역시 2020년 3월 19일 당시 2020년 1월의 직전 고점 대비 약 −36%라는 엄청난 폭락을 기록합니다. 다행히도 영수는 아무 생각이 없어서 폭락에 무덤덤했고, 철수는 초우량주를 워낙 철썩같이 믿었기에 둘 다 밤잠은 잘 잤지요.

철수   으아ㅋㅋㅋ 긴장되네. 영수야 너부터 주식계좌 한 번 까 봐.

영수   내 계좌는 뻔하지 않냐. 코스피랑 똑같이 움직이는데, 뭐.

철수   우리 10년 전에 샀을 때 코스피가 몇이었지?

영수   1904.63

철수   오늘 코스피는 몇이냐?

영수   1924.96

철수   ㅋㅋㅋㅋ 야, 계좌 까 볼 필요도 없네. 너 수익률이 1.07% 정도 된다. 10년 동안ㅋㅋㅋ.

영수   그러네… 2,021만원. 아, 코로나 때문에 그랬나….

철수   그러게 형 말 들으라 했지? 이런 위기상황일수록 초우량주

　　　　가 잘 버티는 겨ㅋㅋㅋㅋ.

철수는 의기양양하게 자신의 초우량주 계좌를 열어봅니다.

철수   ???????

영수   ???????

10년 후 철수의 계좌

출처: 서울경제, '코스피 시총 50위 10년간 결과는'

순위	종목	시가총액	증감률	투자금액
1	삼성전자	286.5조원	135.5%	470만 8,299원
16	포스코	14.6 조원	**-63.0%**	73만 7,374원
9	현대차	19.7 조원	**-48.1%**	103만 6,842원
14	현대모비스	16.1조원	**-39.8%**	120만 1,493원
6	LG화학	24.3조원	**-5.4%**	189만 1,051원
17	신한지주	13.9 조원	**-34.2%**	131만 1,321원
19	KB금융	12.9조원	**-38.4%**	123만 4,450원
27	삼성생명	8.9 조원	**-54.4%**	91만 2,821원
21	기아차	11.6조원	**-40.0%**	119만 5,876원
15	한국전력	14.9조원	**-16.4%**	167만 4,157원
	계좌 잔고		약 **1,590만원** (수익률: **-20.5%**)	

다시 1년을 더 버티고 난 후

수익률 −20.5%를 기록한 철수는 결국 영수에게 부탁하여 조금만 더 버틴 다음 함께 아들에게 주식계좌를 공개하기로 했습니다. 그나마 다행히 요즘 코스피시장이 코로나19 위기 후 급반등 추세이기 때문에 철수는 만회의 희망을 가졌습니다.

길게만 느껴진 인고의 9개월을 버틴 후 2021년 2월 19일, 코스피가 3000포인트를 넘고 있는 상황이라 철수는 큰 기대를 안고 다시 계좌를 열어봅니다.

11년 후 철수의 계좌

출처: 한국거래소

순위	종목	시가총액	증감률	투자금액
1	삼성전자	493.1조원	302.7%	810만 3,533원
17	포스코	22.9조원	**-41.7%**	115만 6,566원
8	현대차	51.7조원	32.4%	272만 1,053원
12	현대모비스	30.6조원	12.7%	228만 3,582원
3	LG화학	66.4조원	158.0%	516만 7,315원
23	신한지주	16.9조원	**-21.2%**	159만 4,340원
21	KB금융	18.1조원	**-12.9%**	173만 2,057원
26	삼성생명	15.1조원	**-22.6%**	154만 8,718원
11	기아차	33.2조원	69.1%	342만 2,680원
25	한국전력	15.2조원	**-14.6%**	170만 7,865원
	계좌 잔고		약 **2,944만원** (수익률: **+47.2%**)	

철수 와우ㅋㅋㅋㅋㅋㅋ 영수야 봤냐? 초우량주는 아무리 위기를 겪
       어도 결국엔 다 극복하게 되어 있어. 넌 수익 얼마냐?

영수 음… 3,263만원이네. 수익률은 63.16%고!

왜 이런 결과가 나왔을까요? 철수의 포트폴리오를 뜯어보면 답이 나
옵니다.

철수가 2010년 11월 30일에 선정한 시가총액 상위 열 개의 기업

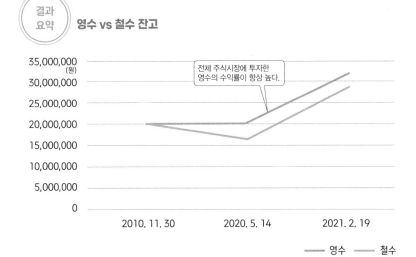

	2010년 11월 30일	2020년 5월 14일	2021년 2월 19일
영수	2,000만원	2,021만 3,480원	3,263만 2,270원
철수	2,000만원	1,590만 3,683원	2,943만 7,709원

중 10년 후에도 10위권을 유지한 기업은 고작 세 개뿐이었던 것입니다.

때문에 알짜배기 초우량주 열 가지 종목에 대한 투자는 전체시장에 하는 투자에 비해 하락장에서도, 상승장에서도 항상 뒤처지는 결과를 보인 것입니다.

> **결론**
· 미래에도 잘나갈 종목을 선정하는 것은 매우 어렵다.
· 잘나갈 종목을 선정해도 전체 시장의 수익률을 뛰어넘기는 어렵다.

이후 생각을 바꾼 철수는 영수와 같이 사이좋게 인덱스펀드에 투자하며 더욱 돈독해졌답니다.

황당으로 시작해 당황으로 끝나는 책

주식투자 책을 많이 읽어본 사람일수록 이 책을 황당하고 특이한 책으로 여길 가능성이 높습니다. 재무제표, PER, PBR, 양봉, 음봉, 이동평균선 등의 그 흔한 주식용어에 대한 설명은 한 글자도 없습니다. 주식투자를 쉽게 하기 위해 수익률을 포기했냐고요? 아니요. 제 목표 수익률은 그리 낮지 않습니다. 오히려 최상위 수익률을 목표로 합니다.

주식에 대한 큰 흐름과 철학을 꿰뚫고, 인덱스펀드를 휘두르는 느긋한 투자자에게는 사소하고 지엽적인 주식용어는 걸림돌이 되지 않을 뿐입니다.

여러분이 이 책을 처음 펼칠 때는 "어째 그 흔한 용어에 대한 설명이 하나도 없지?" 하고 황당해할 것이고, 이 책을 덮을 때는 "어째 그 흔한 용어 하나 몰라도 결과가 이렇게 좋지?" 하며 당황할 것입니다.

[잠깐] 한국형 통계자료 소개

이 부분은 어렵게 느껴질 수 있으니 꼭 읽을 필요는 없고, 이 책의 통계적 근거가 궁금한 분들만 읽어보세요.

금융대국 미국답게 미국 주식을 분석할 수 있는 유용한 프로그램이나 사이트는 수도 없이 많습니다. 야후 파이낸스, 포트폴리오 비주얼라이저, 디비던드닷컴, 시킹 알파 등 셀 수가 없을 정도이지요. 하지만 이 사이트들은 환율에 따라 달라지는 수익률, 손실률, 배당률, 배당금 등을 반영하지 못합니다.

즉 한국인의 입장에서 미국 주식에 투자했을 때 환율을 반영한 자료를 얻을 만한 인프라가 열악합니다. 따라서 이 책에서는 환율 반영이 불필요한 경우에는 대외적으로 검증된 프로그램을 사용했고, 환율을 반영한 계산이 필요할 시에는 제가 직접 산출한 데이터베이스를 사용했습니다.

최대한의 장기간 추세를 확인하기 위해 가장 오래된 ETF인 SPY1993~2021년 및 S&P500지수1985~2021년의 데이터를 추출했습니다. 비록 SPY는 미국 전체 주식시장의 평균지수가 아니라 S&P500지수를 추종하지만, 미국 전체 주식시장 지수를 추종하는 VTI와 SPY는 상관관계가 거의 100%에 달할 정도로 흡사합니다. 1985년부터 현재에 이르는 장기간에 걸친 방대한 데이터를 다뤄야 하는 관계로 매일매일이 아닌 한 달 간격으로매달 초 데이터를 추출했습니다. 이때 달러 주가는 야후 파이낸스, 환율은 트레이딩 뷰를 참고했습니다.

한국형 통계자료 일부 발췌

Date	Close	원화가격	환율	1달 수익률(달러)	1달 수익률(원화)	5년거치 수익률(달러)	5년거치 수익률(원화)	5년정액 수익률	5년 1주씩수익률	100만원씩 구매주수
1985-01-01	179.63	149,578	832.70	0.86	2.35	83.20	51.58	12.51	10.34	6.69
1985-02-01	181.18	153,097	845.00	-0.29	0.66	83.18	51.03	13.87	11.83	6.53
1985-03-01	180.66	154,103	853.00	-0.46	1.30	88.17	55.23	16.92	14.97	6.49
1985-04-01	179.83	156,110	868.10	5.41	6.02	83.95	50.41	13.86	12.08	6.41
1985-05-01	189.55	165,515	873.20	1.21	1.56	90.57	56.07	24.34	22.54	6.04
1985-06-01	191.85	168,099	876.20	-0.48	-0.22	86.61	53.13	22.97	21.22	5.95
1985-07-01	190.92	167,723	878.50	-1.20	-0.21	86.54	52.44	21.26	19.57	5.96
1985-08-01	188.63	167,371	887.30	-3.47	-2.74	71.00	38.14	8.87	7.39	5.97
1985-09-01	182.08	162,780	894.00	4.25	4.31	68.09	34.58	2.55	1.25	6.14
1985-10-01	189.82	169,794	894.50	6.51	6.17	60.15	28.30	1.40	0.25	5.89
1985-11-01	202.17	180,275	891.70	4.51	4.60	59.38	27.96	6.88	5.76	5.55
1985-12-01	211.28	180,567	892.50	0.24	0.07	56.29	25.95	9.55	8.47	5.30
1986-01-01	211.78	188,696	891.00	7.15	6.56	62.40	31.56	14.06	12.96	5.30
1986-02-01	226.92	201,074	886.10	5.28	5.45	61.76	32.75	22.08	20.92	4.97
1986-03-01	238.90	212,024	887.50	-1.41	-1.43	57.06	28.71	24.25	23.01	4.72
1986-04-01	235.52	209,000	887.40	5.02	5.52	59.37	30.74	23.93	22.61	4.78
1986-05-01	247.35	220,537	891.60	1.41	1.10	57.60	28.30	27.00	26.35	4.53
1986-06-01	250.84	222,972	888.90	-5.87	-5.86	47.97	21.08	21.50	20.01	4.48
1986-07-01	236.12	209,911	889.00	7.12	6.65	64.24	34.68	26.86	25.23	4.76
1986-08-01	252.93	223,868	885.10	-8.54	-8.97	56.34	30.13	30.12	28.35	4.47
1986-09-01	231.32	203,793	881.00	5.47	5.02	67.67	41.96	28.72	26.83	4.91
1986-10-01	243.98	214,019	877.20	2.15	1.34	60.85	38.41	31.09	29.06	4.67
1986-11-01	249.22	216,896	870.30	-2.33	-3.40	50.56	31.30	25.41	23.34	4.61
1986-12-01	242.17	209,525	865.20	13.18	12.57	52.34	39.08	37.57	33.99	4.77
1987-01-01	274.08	235,873	860.60	3.69	3.45	49.15	32.84	36.55	33.99	4.24
1987-02-01	284.20	244,014	858.60	2.64	1.71	45.21	30.64	38.36	35.56	4.10
1987-03-01	291.70	248,178	850.80	-1.15	-2.64	38.39	26.83	36.12	33.15	4.03
1987-04-01	288.36	241,617	837.90	0.60	-0.78	43.90	34.54	40.12	36.87	4.14
1987-05-01	290.10	239,739	826.40	4.79	3.04	43.17	36.50	40.48	36.99	4.17
1987-06-01	304.00	247,030	812.60	4.82	4.71	34.26	31.33	38.64	34.98	4.05
1987-07-01	318.66	258,656	811.70	3.50	3.46	33.12	29.76	42.91	38.90	3.87
1987-08-01	329.80	267,600	811.40	-2.42	-2.65	25.54	22.34	38.91	34.77	3.74

미국인이면 달러 배당금이 일정하므로 배당률을 계산하기가 수월합니다. 그러나 한국인은 배당금을 언제 환전하느냐에 따라서

배당률이 달라지기에 일정한 기준이 필요했습니다. 따라서 그달 들어온 배당은 그달 첫날의 환율로 환전한다고 가정했습니다.

미세 오차

몇 십 년에 이르는 장기간의 월 단위 주가 데이터를 조회할 경우 야후 파이낸스의 데이터는 매달 1일로 명시되고 추출되며, 트레이딩 뷰의 환율 데이터는 대부분은 매달 1일이지만 간혹 2일이나 3일 기준으로 추출됩니다.

일정한 계산 기준을 위해 그달 중후반에 배당금이 들어오더라도, 그달 초의 환율로 환전한 것으로 가정했습니다.

이 두 가지 미세 오차가 있다고 해도 앞서 설명한 데이터 추출법은 장기적인 추세를 확인하기 위한 정도로는 정확도가 충분하다고 여겨집니다. 앞으로 이 자료를 이용한 계산 및 설명을 할 때는 '한국형 통계자료'라고 지칭할 예정입니다.

[잠깐] 이 책은 배당투자자만을 위한 책이 아니다

이 책은 단순히 배당투자자만을 위한 책이 아닙니다. 이 책은 모든 유형의 투자자를 위해 쓴 책입니다. 여러분이 배당을 중시하든 시세차익을 중시하든, 안정성을 중시하든 수익성을 중시하든 혹은 어떤 다른 유형의 투자자여도 최상위권의 수익을 안겨주는 것을 목표로 합니다.

책 제목에서 배당투자를 표방한 이유는 단지 이 책의 내용대로 뚝심 있게 밀어붙이고, 좋은 결실을 거두기 위해서는 배당투자자의 마인드로 접근하는 것이 필요하기 때문입니다.

사실 주식이라는 제도 자체가 과거 16세기 유럽인들이 항해 무역을 할 때, 워낙 위험부담이 크다 보니 투자자들을 모아놓고 배당금을 약속하며 증서를 나눠주던 것에서 유래한 것입니다. 따라서 애초에 주식투자의 목적은 배당이라고 볼 수 있습니다. 하지만 배당금이 워낙 짭짤하다 보니 이 주식을 웃돈 주고서라도 사고 싶어 하는 사람이 생기면서 시세차익 투자라는 개념이 추후에 생긴 셈이지요.

배당투자자와 시세차익 투자자는 투자의 결이 다소 다릅니다. 시세차익 투자자는 아무래도 주가에 일희일비할 확률이 높지만, 배당투자자는 주가가 오르든 내리든 흔들리지 않고 편안한 마음으로 배당을 받으며 기다립니다. 이러다 보니 배당투자자는 자연스레 건실한 기업에 장기투자를 하게 되는데, 아이러니하게도 시세차익과 안정성 면에서 시세차익 투자자보다 탁월한 성과를 거두는 경우가 많습니다. 다시 말해 이 책은 단지 배당투자자만을 위한 책이 아니라, 배당투자자의 마인드로 접근해 수익을 낼 각오가 된 모든 유형의 투자자를 위한 책입니다.

인덱스펀드는 코스피지수, 코스닥지수 등과 같은 목표지수의 움직임에 연동되도록 특수하게 고안된 펀드입니다. 예를 들어 코스피 인덱스펀드라는 상품은 코스피지수가 10% 오르면 같이 10%가 오르고, 코스피지수가 10% 떨어지면 같이 10% 떨어집니다. 즉 인덱스펀드의 수익률은 시장 평균수익률입니다.

오해 깨기
인덱스펀드의 참뜻

오메, 동생아

이 책은 노동의 가치를 중시하며, 투자에는 최소한의 시간만 할애하고 싶은 분들을 위한 '가장 쉬운 투자서'가 되자는 목표로 썼습니다. 제게는 투자는 머리 아프다며 일찌감치 포기하고 묵묵히 예금만 하는 30대의 동생이 있습니다. 어찌 보면 이 책을 쓸 때 동생을 염두에 두기도 한 셈이지요.

책의 원고가 완성되고 의기양양한 마음으로 보여줬더니 동생이 말했습니다.

"형, 근데 코스피가 뭐여?"

순간 휘청했지만 정신을 가다듬고 '가장 쉬운 투자서'를 목표로 했던 초심을 떠올리며 반성했습니다.

이 책의 5장 '백지 상태'는 그렇게 탄생했습니다. 주식이라는 단어조차 들어본 적 없는 분들도 이해하기 쉽게 상세한 설명을 준비했습니다.

다만 기초적인 내용은 불필요하다고 느끼는 분들을 위해 초반부가 아닌 맨 뒤에 부록처럼 실었으니, 기본기를 먼저 다지고 싶은 분들은 5장을 먼저 읽고 다시 여기로 돌아와도 됩니다.

어느 정도 이미 기초가 쌓인 분들은 바로 다음 장으로 넘어가도 됩니다. 앞으로 펼쳐질 2장은 인덱스펀드에 대한 오해를 깨기 위한 장입니다.

평균만 지향하는 소극적인 투자상품이라고 여겨지는 인덱스펀드가 사실 알고 보면 얼마나 큰 수익률을 내고 있는지, 얼마나 안전한지, 그리하여 얼마나 마음 편히 투자할 수 있는 상품인지 설명하겠습니다.

눈치 빠른 분들은 이미 느꼈을지도 모릅니다. 원래 이 책의 내용은 투자에 어려움을 겪는 제 가족, 친지 및 친구들에게 배포하기 위해 틈틈히 기록하고 정리해온 문서입니다. 그러다 문득 더 많은 사람들에게 도움이 되었으면 하는 마음에서 책으로 펴낸 것이지요. 즉 독자분들의 투자 성공을 바라는 진심이 가득 담긴 책입니다.

1

인덱스펀드와 ETF란?

인덱스펀드는 코스피지수, 코스닥지수 등과 같은 목표지수의 움직임에 연동되도록 특수하게 고안된 펀드입니다. 예를 들어 코스피 인덱스펀드라는 상품은 코스피지수가 10% 오르면 같이 10%가 오르고, 코스피지수가 10% 떨어지면 같이 10% 떨어집니다. 즉 인덱스펀드의 수익률은 시장 평균수익률입니다.전체 시장수익률, 시장 평균수익률, 시장수익률 등으로 다양하게 불리는데 모두 같은 뜻입니다.

　　인덱스펀드는 일종의 펀드상품이기 때문에 펀드 판매회사를 통해 가입하는 등의 약간의 불편함이 있었습니다. ETFExchange Traded Fund는 그러한 인덱스펀드를 주식시장에 상장시켜서 주식종목을 거래하듯이 쉽게 매매하기 위해 생겨난 상품입니다. 종목명만 주식 거래창에 치면 삼성전자 한 주를 사듯이 ETF 한 주를 살 수 있는 것이지요. 결국 인덱스펀드와 ETF는 근본적으로 거의 같습니다.

　　존 보글이 최초로 인덱스펀드를 만들었을 때 그 목적은 주식시장의 모든 주식을 끌어안겠다는 의미였습니다. 그러나 현재는 원유ETF, 자동차ETF 등의 세분화된 섹터ETF들이 많이 생기면서 존 보글의 창시 목적과는 많이 멀어진 상태입니다.

하지만 이 책은 전체 시장을 끌어안는 인덱스펀드가 왜 우월한지를 설명하는 책이므로, 이 책에서 일컫는 인덱스펀드는 주식시장의 '전체 시장지수'를 추종하는 상품을 의미합니다. 또한 미국의 전체 시장지수를 추종하는 ETF는 뱅가드그룹에서 운용하는 것으로 종목코드는 VTI입니다.

전체 시장이냐, 500개 기업이냐

S&P500지수는 미국의 국제 신용평가기관인 스탠더드앤드푸어스S&P : Standard & Poor's사가 미국 주식시장에 상장된 기업들 중 500개 우량 기업을 선정하여 산정한 주가지수입니다. 우리나라의 코스피지수처럼 미국 증시를 가장 잘 대변하는 주가지수 중 하나입니다.

그렇다면 세계적인 신용평가기관이 공들여 선정한 미국 주식시장의 500개 우량 기업을 추종하는 ETF가, 미국 전체 주식시장을 추종하는 VTI보다 나은 수익률을 거둘 수 있다고 얼핏 생각할 수도 있을 것입니다.

하지만 꼭 그렇지는 않습니다. 수익률은 회사의 현재 크기로 결정되는 것이 아니라 주가의 상승 또는 하락 폭에 따라 결정되는 것이기 때문입니다. 회사의 크기만 따지면 우리나라에서는 삼성전자만한 것이 없겠지만 상승폭은 오히려 조그마한 회사가 훨씬 더 클 수도 있습니다. 가끔 주가가 백 배, 천 배씩 뛰어서 투자자들을 놀라게 하는 회사들도 그 규모가 작을 때나 가능한 것이겠지요.

사실 S&P500지수 추종 ETF인 SPY나 미국 전체 주식시장을 추종하는 VTI는 주가흐름이 대동소이합니다. S&P500에 속한 500개 기업은 여러 업종이 골고루 섞여 있고2021년 2월 21일 기준, 미국 주식시장에 상장된 3,640개 기업의 시가총액에서 그 기업들이 약 80% 비중을 차지하기 때문입니다. 다음 표에서 확인할 수 있듯이 SPY와 VTI는 거의 한 덩어리로 움직입니다.

SPY와 VTI의 주가흐름   출처 : 포트폴리오 비주얼라이저

※ 참고로 과거 데이터를 활용해 내가 생각하는 투자전략의 수익률을 계산해보는 것을 백테스팅(back testing)이라고 합니다. 이는 백테스팅을 할 수 있는 사이트에서 계산해볼 수 있는데, 이런 사이트에서는 일반적으로 투자 개시 시점에 1만 달러를 넣은 것으로 기본 세팅되어 있습니다. 따라서 위의 그래프는 2002년에 1만 달러로 투자를 시작한 경우, 최종적으로 2020년에는 35,000달러가량에 도달했다는 의미입니다(앞으로 백테스팅 그래프는 자주 나옵니다).

결국 S&P500이냐, 미국 전체 시장이냐는 취향 차이인 걸로 볼 정도입니다. 저는 미래에 뜰 기업들을 아무도 주목하지 않는 초창기 때부터 보유한다는 생각으로 미국 전체 주식시장을 추종하는 VTI에 투자하고 있습니다.

인덱스펀드 ≒ ETF ≒ VTI ≒ SPY

저는 장기간의 통계분석이 필요할 때는 가장 역사가 길고 유명한 ETF인 SPY를 VTI 대신 사용합니다. 비록 SPY는 미국 전체 주식시장이 아닌 S&P500지수를 추종하긴 하지만, 둘은 주가흐름이 거의 같으므로 서로 대체해서 사용해도 무방합니다. 다시 말해 이 책에서만큼은 인덱스펀드, ETF, VTI, SPY는 모두 동의어입니다.

[잠깐] 존 보글, 인덱스펀드의 아버지

50년간 매달 투자하고 은퇴하면 엄청난 돈이 쌓인 걸 보고 기절할 겁니다. 믿지 않겠지만 사실입니다.

출처 : KBS, '숨겨진 펀드의 비밀'

- 생몰연대 : 1929~2019년
- 투자자를 착취하는 자산운용사와 펀드매니저를 비판했고 투자자의 이익을 최우선으로 하는 철학을 보여주어 월스트리트의 성인으로 추앙받는 인물
- 1951년 : 프린스턴대학교 경제학과 우등 졸업
- 1974년 : 세계 최대 뮤추얼펀드 운용사인 뱅가드그룹 설립

- 1975년 : 세계 최초 인덱스펀드 개발 및 출시
- 1999년 : 〈포춘〉 선정 '20세기 4대 투자 거장'
- 2004년 : 〈타임즈〉 선정 '세계에서 가장 영향력 있는 100인'
- 워런 버핏의 평가

  "존 보글은 미국 투자자들의 영웅입니다." 2016년 연례서한

  "투자자를 위해 가장 많은 일을 한 사람을 기리는 조각상이

  세워진다면, 그것은 바로 존 보글이어야 합니다." 2017년 연례주총
- 언행일치 : 자산의 절반은 미국 주식 인덱스펀드에 투자하고,

  나머지 절반은 미국 채권 인덱스펀드에 투자했다. 2017년 블룸버

  그 인터뷰

2

건물주 위에
'국가주'

인덱스펀드를 그저 주가지수만을 따르는 시시한 종목이라고 생각할 수도 있습니다. 하지만 인덱스펀드의 본질을 생각해보면 단순히 주가지수를 추종하는 종목이 아닙니다. 인덱스펀드는 국가의 발전을 따라가는 종목입니다.

이해하기 쉽게 비유해볼까요? 자산운용사가 한 나라의 주식시장에 상장된 모든 회사의 주식을 사 모아서 한 덩어리로 버무린 후, 잘게 쪼개서 한 조각씩 파는 것이 바로 인덱스펀드입니다. 즉 인덱스펀드 한 조각은 한 국가의 지분인 것입니다.

인덱스펀드를 계속해서 모을수록 내가 가진 그 나라의 지분은 높아지고, 가만히 있으면서 그 나라가 구워내는 파이를 배당으로 받아먹습니다.

혹자는 개별회사 주식을 모으면서 느낄 수 있는 회사에 대한 소유감이 없다는 것을 인덱스펀드의 단점으로 지적하기도 합니다. 하지만 생각을 전환하면 인덱스펀드를 모으는 과정을 통해 회사보다 훨씬 거대한 국가를 소유해간다는 만족감을 얻을 수 있을 것입니다.

미국 인덱스펀드의 최근 4년 연평균 배당률은 약 1.8%로, 현재 우리 시중은행의 예금금리보다 높습니다. 즉, 미국 인덱스펀드에 투자하면 배당으로 예금금리보다 높은 수익을 얻는 것은 물론이고, 주가상승에 따른 차익까지 덤으로 얻게 됩니다.

SPY의 1주당 배당금 지급 현황(원화 환산)

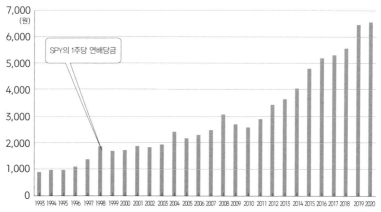

따박따박 월세 나오듯 나오는 배당

저는 장기투자를 강조합니다. 그럼 주변 사람들이 다음과 같이 물어봅니다.

"언제 팔 거예요?"

저는 평생 안 판다고 합니다. 이렇게 이야기하면 사람들은 '한 10년쯤 가지고 있을 생각인가 보네'라고 생각합니다.

아닙니다. 먼 훗날 돌발상황이 생기면 모르겠지만, 현재 생각으로는 정말로 평생 보유할 마음입니다.

그럼 주변사람들이 또 묻습니다.

"그러면 수익실현은 어떻게 해요?"

그러면 저는 대답합니다.

"이미 하고 있습니다."

저는 건물주의 마음으로 미국 주식시장에 투자합니다. 예를 들어 봅시다. 아주 목이 좋은 거리에 월세가 매년 10%씩 오르고, 공실이나 임대료 연체도 전혀 없는 완벽한 상가를 가진 건물주가 별일이 없는 이상 이 건물을 팔까요?

미국의 VTI를 3,000만원어치 사면 즉시 3,000만원짜리 건물을 소유하는 것이고, 5,000만원어치를 사면 그 즉시 5,000만원짜리 건물을 소유하게 되는 것과 같다고 생각합니다. 게다가 이 건물은 틈날 때마다 푼돈이라도 집어넣으면 그에 비례하여 무제한 증축이 가능합니다. 이 달에 특별보너스를 받아 VTI에 500만원을 더 넣으면 5,500만원짜리 건물로 증축된 셈이지요.

또한 마치 내가 소유한 건물에서 임대료가 나오듯 연평균 1.8%최근 4년 기준 배당이 들어옵니다. 임차인과 분쟁도 없고 항상 만실 상태이 지요.

저는 미국 인덱스펀드를 사 모으며 미국이라는 국가에 대한 지분을 계속 늘려가고 있고, 그 대가로 매분기마다 미국에서 창출한 수익의 일부를 지급받고 있으며, 그 배당성장률192쪽 참조은 최근 10년 기준 연평균 10%에 달합니다.

2020년 코로나19 위기 속에서도 미국 인덱스펀드의 배당금은 거의 감소하지 않았습니다. 심지어 주가가 57% 가까이 폭락했던 2008년 역대급 글로벌 금융위기에도 연간 달러 배당금은 약 20% 하락에 그쳤으며, 이 무렵 폭등했던 원달러 환율로 인해 원화로 환산한 연간 배당금의 하락폭은 더 작아져 약 12%에 그쳤습니다.

이렇게 탄탄하고 수익성 좋은 '건물'을 소유한 사람이 이런 물건을 팔아버릴 이유가 있을까요?

인덱스펀드로 초단기 투자하는 법

건물주의 마음으로 '국가주'에 투자한다니, 장기투자만 바라보는 것은 성격에 맞지 않다고요? 맞습니다. 장기투자는 지루합니다. 반면 단기투자는 짜릿합니다. 단기투자는 머지않아 성과를 확인할 수 있기 때문이지요.

그런데 성과를 금방 눈으로 확인할 수 있는 측면에서 보자면, 미국 VTI에 대한 배당투자도 초단기 투자로 볼 수 있을 듯합니다. VTI를 사자마자 배당을 받을 권리가 생기고, 머지않아 배당금이 지급되니까요.

이 책에서 저는 VTI 장기투자를 권합니다만, 한 해 몇 번씩 나오는 배당금을 감안하면 단기투자도 되는 셈이지요. 더구나 연배당금이 예금이자보다 더 높으니 말입니다. 때문에 저는 앞으로도 이 '건물'을 팔 생각이 없습니다.

[잠깐] 장기투자자의 두 가지 유형

분류

1. 장기로 투자하는 투자자　　　2. 장기화된 단기투자자

차이

1. 자발적인 장기투자　　　　　2. 물려서 강제 장기투자행

목표

1. 극대화된 수익　　　　　　　2. 제발 본전만 회복

국가의 발전속도는
장난이 아니다

앞서 인덱스펀드는 국가의 지분을 사는 것이라고 했습니다. 즉 단순하게 생각하면 국가가 발전하면 인덱스펀드의 자산가치도 올라갑니다.

그런데 개별주식도 아닌 국가의 발전속도는 너무 느릴 것 같아서 걱정되십니까? 우리는 국가 속에서 살며 같이 휩쓸려서 흘러가고 있기에, 얼핏 생각해서는 국가의 발전속도를 체감하기 어렵습니다.

하지만 딱 10년만 과거로 눈을 돌려봅시다. 10년 전에 쓰던 휴대폰의 질이 어땠는지 생각해봅시다. 10년 전 제가 사용하던 폴더폰은 인터넷은 꿈도 못 꿨고, 음악 재생도 어려워서 항상 MP3 플레이어를 들고 다녀야 했습니다. 낯선 지역을 찾아갈 때는 그 전날 컴퓨터로 네이버 지도에 접속하여 지도를 종이에 인쇄해서 들고 갔습니다.

20년 전은 어떻습니까? 그 무렵에 얼리어답터인 반 친구가 흑백 휴대폰이 아닌 첨단 16색 컬러 휴대폰을 가지고 나타나서 반 친구들이 모두 몰려들어 난리가 났던 기억이 있습니다.

지금으로부터 불과 50년 전인 1970년도의 강남 사진을 검색해보면 요즘 젊은 사람들은 많이 놀랄 겁니다. 100원이면 그 당시 강남의

하늘에서 본 강남(2011년)

땅 한 평을 살 수 있다는 풍문이 있을 정도의 모습이니까요.

이와 같이 하루하루 돌아봤을 때는 그리 와닿지 않을 수 있습니다만, 조금만 더 긴 시각으로 과거를 살피면 국가 전체의 발전속도가 얼마나 무서울 정도로 빠른지 깨달을 수 있습니다.

만약 1970년대에 우리나라에 인덱스펀드가 존재했고, 그래서 누군가가 많이 사 두었다면 어떻게 됐을까요? 그 사람은 지금쯤 허허벌판을 채우고 하늘을 찌르고 있는 수많은 고층 건물에서 창출되는 수익을 배당으로 받을 수 있겠지요.

GDP로 보는 국가의 발전속도

혹시 이러한 비유가 잘 와닿지 않으십니까? 그래서 이번엔 수치로 보여드리고자 합니다.

다음 그래프는 기획재정부에서 발표한 1970년부터 2020년까지 우리나라 국내총생산GDP의 추세입니다. 2020년의 GDP에 비하면, 1970년의 GDP는 그래프에서 잘 보이지도 않을 만큼 미미한 수준입니다. 실제로 2020년의 GDP는 1,898조 1,930억원으로 1970년의 GDP인 2조 7,970억원에 비해 약 679배나 됩니다.

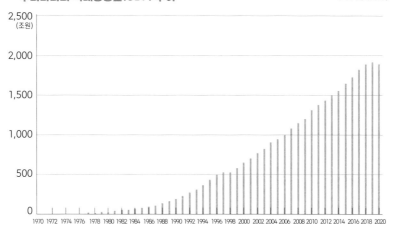

우리나라의 국내총생산(GDP) 추이

출처: 기획재정부

여기에 물가상승률을 감안하더라도 매우 빠른 성장이지요. 국가는 우리가 체감하는 것보다 훨씬 빠르고 안정적으로 발전하고 있음을 알 수 있습니다.

[잠깐] 이자와 배당의 차이

영희는 은행에 예금을 하고, 수미는 그 은행의 주식을 산다고 해봅시다. 1년 후 영희는 예금만기로 이자를 받고, 수미는 주식의 배당을 받게 됩니다.

10년 후 은행이 열 배로 성장했다고 했을 때, 그 은행에 예금을 한 영희는 약속된 이자만 받지만, 그 은행의 주식을 산 수미는 은행이 성장한 덕분에 열 배의 배당을 받습니다.이론상으로 그렇습니다. 실제 배당은 이보다 적을 수도 클 수도 있습니다.

우린 끝까지 함께 간다

이번에는 20년 후 은행이 백 배로 성장했다고 해봅시다. 영희는 이번에도 약속된 이자만 받지만, 수미는 은행이 성장한 덕분에 무려 백 배의 배당을 받습니다.

다시 말해 주식을 산 수미는 은행의 발목을 잡고 놔주지 않는 모습입니다. 은행이 훨훨 날아가면 발목 잡고 같이 훨훨 날아갑니다.

[잠깐] 나의 주력 투자상품 VTI를 소개합니다

VTIVanguard Total Stock Market Index fund는 제가 실제로 가장 주력하는 투자상품이고, 인덱스펀드의 창시자 존 보글의 취지를 가장 잘 반영하는 ETF이기에 특별히 소개합니다.수익률 및 성장률 등의 모든 수치는 2021년 2월 21일 기준입니다.

개요

미국 주식시장의 3,640여 개에 이르는 거의 모든 상장기업에 투자하는 ETF

- 시작 : 2001년 5월 24일
- 자산운용사 : 뱅가드그룹세계 최대의 뮤추얼펀드 운용사
- 추종지수 : CRSP 미국 종합시장 지수CRSP US Total Market Index:
  CRSP에서 제시하는 미국 전체 주식시장 지수를 뜻함
- 시가총액 : 1,881억 달러한화 약 209조원
- 최근 4년간 연평균 배당수익률 : 1.8%
- 최근 10년간 연평균 배당성장률 : 9.21%
- 한 주당 가격 : 205.97 달러한화 약 22만 7,450원
- 운용보수 : 0.03%

VTI의 성장 추이   출처 : 트레이딩 뷰

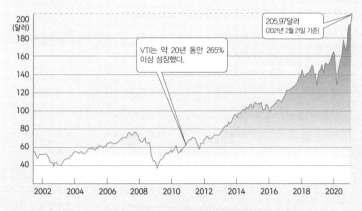

205.97달러
(2021년 2월 21일 기준)

VTI는 약 20년 동안 265%
이상 성장했다.

VTI의 1주당 배당금 지급 현황

출처 : 시킹 알파

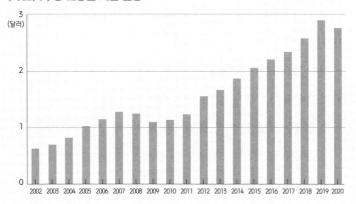

VTI의 투자 업종 비율

출처 : etf.com

종류	비율
기술	32.02%
소비 순환재	15.51%
헬스케어	13.85%
금융	13.74%
산업	9.87%
필수 소비재	5.80%
원자재	2.69%
공익사업	2.64%
에너지	2.35%
통신	1.53%
합계	100%

VTI의 투자 비중 상위 10개 기업

출처 : etf.com

종류	비중
애플	5.26%
마이크로소프트	4.57%
아마존	3.57%
페이스북(class A)	1.62%
테슬라	1.57%
알파벳(class A)	1.44%
알파벳(class B)	1.34%
존슨앤드존슨	1.12%
버크셔 해서웨이 (class B)	1.06%
JP모건	1.02%
총 가중치	22.57%

미국 주식 vs 한국 주식

저는 현재 미국 주식에 모든 여유자산을 투자하고 있습니다. 현 시점에서 가장 좋은 무기는 미국 인덱스펀드라고 생각합니다.

세계에서 가장 큰 시장이니, 초강대국이니 하는 등의 진부한 이유 때문만은 아닙니다. 저는 주식투자를 건물주와 같은 마음으로 하기 때문에 그 나라의 주가 안정성과 배당문화 등이 얼마나 저와 잘 맞는지를 따져봤고, 그리하여 미국 인덱스펀드가 선택된 것입니다.

다만 미국 주식의 장점도 있지만 분명 한국 주식의 장점도 있을 것입니다. 그래서 이번에는 장기 배당투자자에게 도움이 될 만한 항목 위주로 미국 주식과 한국 주식을 비교해봤으니 선택에 도움이 되길 바랍니다.

수익률 비교

종목은 한국시장을 대표하는 ETF인 TIGER200과 미국시장을 대표하는 ETF인 VTI를 비교합니다. 이렇게 종목을 선정한 이유는 한국에서 가장 규모가 큰 ETF는 KODEX200이지만, 최근 배당금 내역이 3

년까지만 조회되기 때문입니다. 따라서 2009년부터의 장기간 배당금 내역을 확인할 수 있는 TIGER200을 선정했습니다. 어차피 두 ETF 모두 코스피지수를 추종하므로 주가흐름과 배당수익률은 거의 같습니다.

기간은 2009년 1월 2일부터 2021년 1월 4일까지로 정했습니다. TIGER200의 배당 내역을 확인할 수 있는 가장 빠른 연도가 2009년이기 때문입니다. 참고로 VTI의 주가와 배당금은 모두 원화로 환산하여 비교했습니다.

TIGER200과 VTI의 수익률

종목	2009년 1월 2일	2021년 1월 4일	수익률
TIGER200	1만 5,285원	4만 500원	164.97%
VTI	5만 6,777원	21만 6,811원	281.86%

TIGER200은 2009년 1만 5,285원이었으나 2021년에는 4만 500원이 되어 수익률 164.97%를 기록했습니다. 반면 VTI는 5만 6,777원에서 21만 6,811원이 되었네요. 수익률은 281.86%이고요.

최종 수익률은 미국 전체 주식시장에 투자하는 VTI의 승리입니다. 하지만 최종 수익률은 어느 시점을 비교하느냐에 따라서 달라지기 때문에 절대적일 수 없습니다.

주가흐름 양상

그렇다면 주가흐름은 어떨까요? 주가흐름 역시 어느 기간을 비교하느냐에 따라 달라질 수 있으므로 절대적인 기준이 될 수는 없습니다.

하지만 미국과 한국의 장기적인 주가흐름은 분명 다른 양상을 보입니다.

미국은 확실히 주가의 변동폭이 작고 일정하게 상승하는 모습이라면, 한국은 다소 변동폭이 있고 횡보, 급성장, 급하락 양상이 보입니다.

TIGER200의 주가흐름(원화 기준) 출처 : 야후 파이낸스

VTI의 주가흐름(달러 기준) 출처 : 야후 파이낸스

따라서 미국 주식시장은 일정하고 안정적인 수익이 예상되지만, 한국 주식시장은 운이 좋으면 큰 수익을 기대할 수 있을 것 같은 느낌입니다.

배당 주기

이번에는 배당지급 주기를 확인해보지요. 한국의 TIGER200과 미국의 VTI, 두 ETF의 배당지급 주기가 확연히 다른 것이 보이나요?

TIGER200의 1주당 배당금

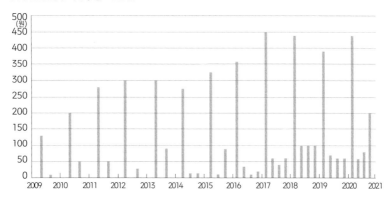

VTI의 1주당 배당금(원화 환산)

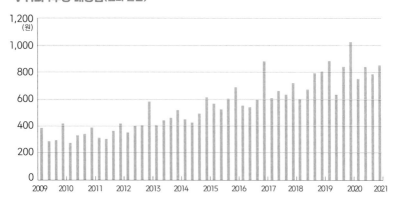

VTI의 배당지급 내역이 훨씬 촘촘하지요. 이는 TIGER200의 경우 초창기에는 1년에 배당을 2회만 지급했기 때문에 그렇습니다.

반면 VTI는 출시 때부터 1년에 4회 배당을 지급했습니다. TIGER200도 2016년부터는 1년에 4회 배당을 지급하고 있기는 하지만 거의 대부분의 배당액이 상반기에 집중되어 있지요. 따라서 TIGER200은 사실상 연 1회 배당으로 봐도 무방할 것 같습니다.

TIGER200과 VTI의 배당성장률

배당투자를 할 때에는 현재의 배당액도 중요하지만, 앞으로의 배당성장률도 매우 중요합니다. 현재는 다소 배당금이 적어도, 미래에는 배당금이 늘 것으로 예상되는 종목에 투자해야 합니다.

TIGER200과 VTI의 1주당 배당금 그래프64쪽 참조를 보면 두 종목 모두 투자 첫해에는 배당수익률이 약 1~2%에 불과했지만 시간이 갈수록 눈에 띄는 성장세를 보이는 것을 알 수 있습니다.

TIGER200과 VTI의 배당성장률

종목	2009년 연간 배당금	2020년 연간 배당금	기간 내 배당성장률
TIGER200	140원	640원	357.14%
VTI	1,373원	3,220원	134.43%

한국 TIGER200과 미국 VTI의 한 주당 가격이 다르기 때문에 주당 배당금 액수를 비교하는 것은 의미가 없고, 배당금의 성장 양상을

주목해서 보면 됩니다. 한국은 변동폭이 크지만 배당이 빠르게 늘었고, 미국은 배당이 느리게 늘었지만 꾸준하고 안정적인 모습을 보여줍니다.

여기서 주의할 점은 선정된 기간에 따라 해석의 오류가 생길 수 있다는 것입니다. 2008~2009년에는 전 세계적으로 금융위기가 몰아쳤기에 TIGER200의 2009년 배당금이 워낙 줄어들어, 상대적으로 2020년까지 급성장한 것처럼 보일 수 있습니다. 반면 미국의 VTI는 폭등한 원달러 환율로 인해 원화로 환전했을 시 2009년에도 배당이 별로 줄지 않았기 때문에 2020년까지 성장폭이 작아 보일 수 있습니다.

결론적으로 큰 변동 없이 배당을 자주 받길 원하는, 안정성을 중시하는 투자자는 미국 주식시장에 투자하는 것이 유리합니다. 반면 배당에 크게 연연하지 않고 시장 타이밍을 잘 노려 짧은 순간에 높은 수익률을 내려는 투자자는 한국 주식시장에 투자를 하는 것이 유리해 보입니다.

하지만 뒤에서 설명하겠지만, 어떤 투자자라도 시장 타이밍을 예측하는 것은 불가능에 가깝습니다. 또한 실적에 따라 배당이 유동적인 한국과 달리, 미국은 꾸준히 배당금이 늘어나고 있습니다. 미국 기업들 사이에는 위기상황 속에서도 배당금을 늘렸다는 것에 자부심을 느끼는 분위기가 있기 때문입니다. 이것이 제가 미국 투자를 선호하는 이유입니다.

주주 = 분식집 주인

근본적인 관점에서 주식을 산다는 것은 회사의 지분을 소유한다는 것입니다. 만약 여러분이 친구와 돈을 반반씩 내서 50%의 지분을 갖는 분식집주식회사을 차린다고 해봅시다.

여러분이 분식집을 차린 이유는 당연히 열심히 장사를 해서 영업이익의 일부배당를 받기 위해서겠지요. 분식집을 빨리 번창시켜서 1년 뒤에 두 배 가격으로 팔아야겠다는시세차익 마음으로 개업을 하는 사람이 얼마나 될까요?

주식 = 배당권

저는 주식을 일종의 배당권으로 여깁니다. 시세차익에만 급급해 조급해하다가 여러 번 투자에 실패한 후, 주식의 근본에 대해서 나름대로 고민하다 보니 자연스레 이런 투자관을 가지게 되었습니다.

사실 주식이라는 제도 자체가 16세기 유럽인들이 항해 무역을 할 때, 워낙 항해 실패의 부담이 크니, 투자자들에게 배당금을 약속하는 증서를 나눠주던 것에서 유래한 것입니다. 따라서 애초에 주식투자 수익의 기원은 배당이라고 볼 수 있습니다.

그런데 이 배당금이 짭짤하다고 소문이 나면서 그 주식을 웃돈 주고서라도 사고 싶어 하는 사람이 나타났고, 이에 시세차익 투자라는 개념이 생겼습니다.

주식의 근본이 배당이어서일까요? 시세차익보다 배당에 집중하여 건실한 회사의 주식을 장기적으로 보유한 사람들이 시세차익 면에서도 큰 성과를 보이는 경우가 많습니다.

워런 버핏이 대표적입니다. 그의 "10년 이상 보유하지 않을 주식은 단 10분도 보유하지 말라"는 투자 격언은 너무나도 유명합니다. 워런 버핏은 1988년 매수한 코카콜라 주식을 현재까지 가지고 있으며 평생 팔지 않겠다고 선언한 바 있습니다. 평생 팔지 않겠다니!

그렇다면 워런 버핏은 대체 코카콜카 주식으로 어떻게 수익을 실현할까요? 코카콜라는 50년 이상 연속해서 배당금을 인상하고 있으며, 워런 버핏은 당시 투자원금의 무려 50% 이상을 매년 배당금으로 받고 있는 것으로 추정됩니다. 게다가 시세차익을 낼 생각이 없음에도 불구하고, 코카콜라의 주가는 1988년 1월 대비 2021년 1월 기준 약 2,000% 정도 상승했습니다.

정리하자면 주식 한 주를 사는 것은 일정 금액을 매년 배당으로 받을 수 있는 권리를 사는 셈입니다. 따라서 건실한 기업에 투자했다면 주가의 변동에 일희일비하지 않을 수 있습니다.

저는 내일 당장 주가가 10%, 20%가 폭락한다고 해도 걱정하지 않습니다. 미국 전체 주식시장을 추종하는 VTI에 투자하기에 미국이라는 '기업'에 대한 저의 지분율과 배당받을 권리는 절대 변하지 않으니까요.

[잠깐] 시세확인 중독

이런 상황을 떠올려볼까요? 동네에 분식집을 차렸습니다. 오랜 기간 열심히 알아보고 준비한 덕분에 장사도 잘됩니다. 그런데 수다쟁이 단골 손님 한 명이 매일같이 와서 말을 겁니다.

"올~, 요즘 손님이 많네. 지금 분식집을 팔면 한 3억원은 받을 수 있겠다."

"헐~, 오늘은 손님이 별로 없네. 지금 팔면 1억원에 내놔도 아무도 안 살 것 같은데?"

"오, 권 사장~ 요즘 TV 보면 떡볶이 열풍이잖아. 지금 팔면 5억원은 받을 수 있을 것 같아."

"에효, 요즘은 홈쿡이 대세라 앞으로는 아무리 많이 받아도 2억 원을 넘기 어려울 것 같은데."

어떤가요? 혹시 지금이라도 분식집을 팔아야 하나 하는 생각이 드나요? 아니면 '그때 팔았어야 하는데' 하는 후회가 밀려오나요? 저는 처음부터 가게를 팔 생각이 전혀 없었고 오래오래 대대손 손 분식집을 꾸려가려고 합니다. 제가 신경 쓰는 것은 오직 매달 통장에 순수익이 얼마나 들어오느냐 뿐이고, 그건 이미 만족스러운 수준입니다. 하지만 이처럼 누군가가 옆에서 계속 바람을 넣는다면 흔들릴 수도 있을 것 같습니다.

주식의 시세를 수시로 확인한다는 것은 이와 비슷합니다. 수다쟁이 손님의 의미 없는 말에 매일매일 흔들리는 것처럼, 시세에 따라 마음이 요동칩니다.

저는 미국 전체 주식시장에 투자하기에 느긋합니다. 투자계의 수많은 수다쟁이 손님들의 말에 일희일비할지, 그냥 웃어넘길지 그 것은 전적으로 여러분의 선택입니다.

사실 수익률은
전혀 중요치 않다

냉정하게 말해서 중요한 것은 시세에 따른 수익률이 아니라 수익액입니다. 그런데 현실에서는 이 수익률과 수익액이 종종 괴리를 보입니다. 일반적으로 수익률이 빵빵 터지는 종목은 위험성도 높아서 투자하는 금액은 적은 경우가 많기 때문이지요.

저도 한때 급등주를 찾아 터트리는 짜릿함을 즐기던 시절이 있었습니다. 그런데 사람이다 보니 겁이 나서 몇 백만원 이상은 넣기 힘들었습니다. 7~8년 전에 저는 150만원을 들고 처음 투자를 시작했습니다. 누군가에게는 150만원이 적게 느껴질 수 있겠지만, 당시 150만원의 가치는 현재보다 높았을뿐더러, 주식시장이 지금처럼 코로나19로 인한 반작용으로 폭발하는 장세가 아니었기 때문에, 제가 스트레스를 받지 않고 굴릴 수 있는 한계치의 금액이었습니다.

그 당시는 국내 주식시장의 상한가도 15%로 제한이 걸려 있었기 때문에, 하루에 20% 수익을 올리는 것은 거의 불가능했습니다. 하루 종일 모니터를 뚫어지게 보면서 처음 30만원의 수익을 달성했던 순간, 그 황홀함에 온갖 채팅창에 인증샷을 올렸던 기억이 납니다.

지금 돌이켜보면 그 당시 급등주가 20% 올라 좋다고 환호했을 때 수익액은, 현재 VTI가 1% 올랐을 때의 수익액에 비하면 장난같이 느껴질 정도입니다.

저는 이제 급등주에 넣던 금액의 백 배도 걱정 없이 VTI에 넣습니다. 미국 전체 주식시장에 투자하는 VTI는 충분히 묵직하고 안정적이고 배당까지 지급하기 때문입니다. 안정감이 있기에 적금식으로 투자할 수 있는 인덱스펀드에는 그 몇 백 배의 돈을 넣어도, 급등주에 150만원을 넣던 시절보다 마음이 편안합니다.

게다가 가령 인덱스펀드에 1억원을 넣는다면 1%만 올라도 100만원의 수익이 나오니 급등주에 조심조심 투자할 때보다 수익액도 훨씬 많습니다.

이는 투자금이 다르니 당연한 결과가 아니냐고 반문할 수 있습니다. 맞습니다. 다만 제가 강조하고 싶은 것은 그 많은 돈을 안심하고 넣을 수 있게 해주는 인덱스펀드의 안정성과 성장성입니다.

물론 이론적으로야 급등주에 몇 천만원씩 투자금을 넣고 대박이 터지면 수익액은 훨씬 높겠지만, 제가 지금 급등주 투자를 다시 시작한다고 해도 투자금은 150만원을 넘지 않을 것 같습니다. 급등주에 큰돈 투자하고 두 다리 뻗고 잘 수 있는 사람이 몇이나 되겠습니까?

다시 말해 코스피지수보다 수익률이 낮은 강남 부동산에 투자한 사람이 더 빨리 부자가 되는 것은 수익률 때문이 아니라 투자금이 큰 영향이라고 볼 수 있습니다.144쪽 '부동산 vs 주식 ① feat. 주식에 대한 변호' 참조.

저는 친구들에게 '영끌 박치기영혼을 끌어모아 박치기'라는 표현을 자주 씁니다. 위험한 종목에 조마조마해하며 밀당하듯 적은 투자금을 넣기보다, 미국 전체 주식시장에 투자하는 안전한 VTI에 최대한의 투자금을 끌어모아 넣으라는 뜻입니다. 그것이 마음도 편할뿐더러 수익액 측면에서도 훨씬 유리하니까요.

물론 저는 무분별한 '빚투'는 절대 권장하지 않습니다. 대신 합리적인 빚투에 대해서는 긍정적입니다. 빚투나 적절한 투자비율 등에 대해서는 283쪽 '독자들과 함께하는 Q&A'에 답이 될 만한 내용을 실었으니 참고하세요.

[잠깐] 내가 급등주 사면 망하는 이유

급등주가 급등하기 전에는, 급등주인지 모릅니다.
급등주가 급등하고 나서야, 급등주인 게 보입니다.
급등주가 급등하고 나서야, 들어갔더니 망했어요.

7

인덱스펀드는 안전한가?

이번에는 다각도에서 인덱스펀드의 안정성에 대해 살펴보겠습니다. 인덱스펀드에 담겨 있는 자산들은 자산운용사가 가지고 있는 것이 아니라 수탁은행이 위탁받아 보관 및 관리하므로 안정성이 큽니다. 따라서 상품 자체의 안정성도 큽니다.

상품 자체의 안정성

가령 ETF가 상장폐지되면 어떻게 될까요? 자산운용사는 당시의 주가를 기준으로, 즉 기존 자산가치대로 현금으로 환불해줍니다.

그렇다면 자산운용사가 파산하면 어떻게 될까요? ETF의 자산은 수탁은행이 보관하고 있으므로, 자산운용사 파산 시 수탁은행이 기존 자산가치대로 현금으로 환불해줍니다.

또한 수탁은행마저 파산할 경우에도 위탁받은 ETF 자산은 수탁은행의 고유자산과 달리 별도 구분되어 보관되므로, 기존 자산가치대로 현금으로 환불해줍니다.

참고로 우리나라에서 은행 파산 시 예적금은 5,000만원까지만 보호되지만, ETF 자산은 보장금액에 제한이 없습니다. 이런 점에서는 ETF가 예적금보다 안전한 측면도 있습니다.

원금 보장 안정성

그렇다면 여기서 진정한 의미의 원금 보장에 대해서 생각해볼 필요가 있습니다.

내일 통장을 열어봤는데 원금이 보장되어 있기를 바란다면, 어떤 상품이 좋을까요? 당연히 예적금이 답입니다.

반면 20년 후에 통장을 열어봤는데 원금이 보장되어 있기를 바란다면 어떤 상품이 좋을까요? 인덱스펀드가 답입니다.

이 질문의 의미를 아시겠습니까? 질문을 조금 바꿔보겠습니다. 만약 내가 10억원을 가지고 있는데 내일 국가에 말도 안 되는 상황이 생기며 물가가 두 배로 오른다면 어떻게 될까요? 게다가 하필이면 내일 9억원짜리 집을 사고 1억원짜리 스포츠카를 살 계획이었는데, 하루 만에 집은 18억원이 되고 스포츠카는 2억원이 된다면 어떨까요?

극단적인 비유이긴 해도 시간이 지남에 따라 일반적으로 화폐의 가치는 떨어집니다. 예적금이 약간의 수익률을 내며 원금을 보장한다고 해도 미래의 시점에서 봤을 때 실질 수익률은 마이너스라는 뜻입니다.

다시 말해 10억원을 가지고 있다가 내일 국가에 변동이 생겨 화폐 가치가 두 배로 오른다면, 내 돈도 20억원으로 늘어야 이것이 진정한 원금 보장입니다.

다음 그림은 달러화의 가치, 즉 달러가 가진 구매력의 변화를 보여주는 것으로 100달러의 화폐가치가 얼마나 빠른 속도로 떨어지는지를 알 수 있습니다.

1913년의 100달러는 2019년에는 3.87달러가 되어, 가치가 96.13%나 폭락했습니다. 즉 100여 년 동안 100%에 가까운 가치 폭락이 있었던 셈입니다.

달러화의 가치 변화   출처 : *howmuch.net*

원화에 대한 자료는 찾기 힘들지만, 우리가 어렸을 때 동네 슈퍼의 과자 가격이 얼마였는지 떠올려보고, 당시 집값이 얼마였는지 자료를 찾아보면 원화가치도 얼마나 폭락했는지 직관적으로 느낄 수 있습니다.

내일 내 돈이 무사하기를 바란다면 이불 속에서 꽁꽁 끌어안고 24시간을 버티는 게 최선입니다. 반면 20년 후에 내 돈이 무사하기를 바란다면 지난 100년 동안 떨어지는 화폐가치를 이기고, 연평균 10%의 수익률을 기록한 인덱스펀드를 시작하는 것이 필수입니다.

그래도 인덱스펀드가 미덥지 못하다면 또 다른 그림을 제시하겠습니다. 다음은 제러미 시겔의 『주식에 장기투자하라』에 나오는 그래프입니다. 단기적으로 봤을 때 주식은 출렁출렁 불안해 보이지만, 장기적으로 봤을 때는 그 어떤 자산보다도 일관성 있는 상승세를 보여줍니다.

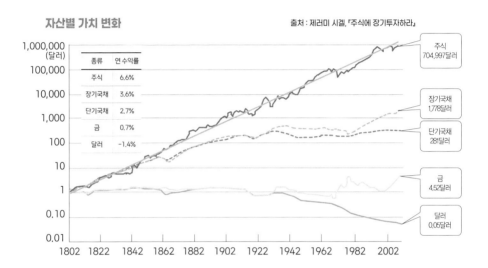

자산별 가치 변화   출처 : 제러미 시겔, 『주식에 장기투자하라』

종류	연수익률
주식	6.6%
장기국채	3.6%
단기국채	2.7%
금	0.7%
달러	-1.4%

미국은 초강대국에 금융대국이라 그렇다고요? 그렇다면 우리나라의 경우를 살펴봅시다.

삼성자산운용에서 발표한 〈이기는 투자〉라는 제목의 보고서에 따르면, 1980년부터 2017년까지 코스피시장에서 주가가 상승한 날은 51.2%, 하락한 날은 48.5%입니다. 이 정도 비율이면 그냥 동전 던지기와 유사한 확률이지요. 즉, 단기적인 주가 예측은 불가능하다고 봐도 될 것입니다.

하지만 장기적으로 코스피시장은 결국 우상향했습니다. 이 보고

서에는 코스피지수에 대한 투자 기간별 손실확률도 계산되어 있습니다. 투자 기간이 하루일 경우 손실확률은 48.4%, 1년일 경우에는 37.1%, 10년일 경우에는 13.0%, 20년일 경우에는 0%였습니다.미국 인덱스펀드 투자의 손실확률에 대한 자세한 분석은 117쪽에서 소개합니다.

그래프와 함께 좀더 자세히 살펴보죠. 앞으로 나오는 세 개의 그래프는 코스피지수 산정이 시작된 1980년 1월 1일부터 2017년 12월 31일 사이에 있는 날 중 주식시장이 운영된 1만 222개의 날을 모두 조사하여 투자 기간에 따른 수익률이 몇 %이고, 수익이 난 날이 며칠이나 있었는지를 분석한 후 도식화한 것입니다. 가로축은 코스피지수의 수익률, 세로축은 해당 수익률을 달성한 일수를 나타냅니다.

예를 들어 가로축의 숫자가 8인 곳의 막대 그래프의 높이가 10이라면, 1만 222개의 날 중 수익률 8%를 기록한 날이 열 번 있었다는 의미입니다.

또한 가운데의 회색 점선은 수익률 0%를 의미합니다. 즉 회색 점선의 오른쪽의 막대들이 길고 많을수록 수익률이 플러스인 날이 많았다는 것이지요.

먼저 코스피지수 투자 기간이 하루일 때의 수익률을 봅시다. 가운데 회색 점선 양옆으로 막대들이 비슷한 모양으로 있습니다. 수익을 낼 확률과 손실을 볼 확률이 비슷합니다.

다음은 코스피지수 투자 기간이 10년일 때의 수익률을 그린 그래프입니다. 수익률 0%의 표시선인 회색 점선의 오른쪽에 막대들이 많죠? 이는 코스피지수에 10년간 투자했을 때는 대부분의 사람들이 수

코스피지수 투자 1일 시 수익률

출처: 삼성자산운용 보고서

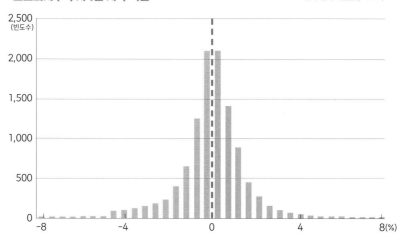

코스피지수 투자 10년 시 수익률

출처: 삼성자산운용 보고서

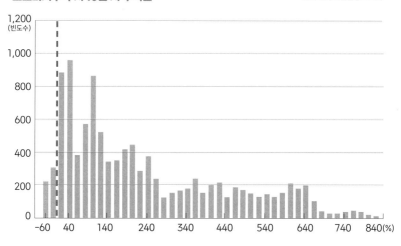

익을 거뒀다는 뜻입니다.

이번에는 코스피지수 투자기간이 20년일 때의 수익률을 보지요. 모든 막대가 수익률 0% 기준점인 회색 점선보다 오른쪽에 있습니다.

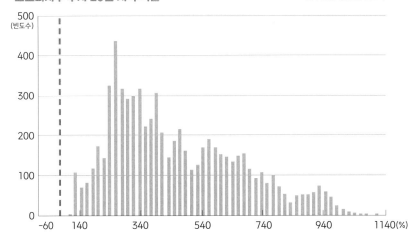

코스피지수 투자 20년 시 수익률

출처: 삼성자산운용 보고서

다시 말해 코스피지수에 투자한 기간이 20년이라면 항상 수익을 거뒀다는 것을 의미합니다. 손해 볼 확률이 0%라는 뜻인 거지요. 즉 장기투자의 관점으로 봤을 때는 인덱스펀드로 손해보는 것이 오히려 더 어렵습니다.

부활한 연평균 10% 복리예금

현재는 초저금리 시대로 은행에 예금을 해도 1% 이자 이상을 받기 힘듭니다. 이런 상황에서 감히 비유하자면, 인덱스펀드는 믿고 맡길 수 있고 금리까지 든든히 보장되는 새로운 형태의 예금입니다.

예금이 우리에게 매년 1% 정도의 이자를 주는 고정금리 상품이라면, 인덱스펀드는 장기적으로 매년 평균 10%의 이자를 주는 변동금리 상품인 것이지요.

만약에 하늘에서 내려온 천사가 여러분에게 매년 이자 10%를 지급하는 마법의 예금통장을 준다면 어떻게 하겠습니까. 아마도 영혼을 끌어모아 그 통장에 돈뭉치를 쏟아붓지 않을까요?

8

어차피 투자는 누구나 평생 해야 한다

투자는 거창한 것이 아닙니다. 내가 피땀 흘려 번 돈을 잘 지키고, 여력이 되면 조금 더 불리는 게 투자입니다. 열심히 돈을 모았는데 원금이 손실되기를 바라는 사람이 있을까요? 하지만 야속하게도 물가가 계속 오르면서 우리의 실질적 원금은 계속해서 깎여나가고 있습니다.

다시 말해 물가가 두 배 오르면 내 자산도 두 배가 되어야 진정한 원금 보장입니다. 때문에 우리는 평생 투자를 해야 합니다.

어차피 평생 해야 하는 것이라면 굳이 도박 같은 투기로 힘을 뺄 필요가 없습니다. 그건 마라톤 대회에 참가해서 초반 100미터를 전력 질주하며 잠깐 동안 1등 해보겠다는 것과 마찬가지입니다.

한탕 벌고 떠난다?

"장기투자로 언제 부자가 됩니까?"

이런 말을 하며 빨리 부자가 되길 바라는 사람이 많습니다. 마치 크게 한탕 벌고 목돈을 마련하여 투자계를 떠날 것처럼 말합니다. 하지만 앞서 말씀드린 것처럼 롤러코스터와 같은 급등주일수록, 사람의 심

리상 큰 금액을 넣기가 힘듭니다.

목숨을 걸듯이 눈 딱 감고 급등주에 1억원을 투자하여 6억원을 번 사람을 본 적 있습니다. 여기까지만 봤을 때 이 사람은 인덱스펀드에 압승을 거둔 것이 맞습니다. 문제는 요즘에 6억원으로는 서울에 집한 채 장만하기도 어렵다는 사실입니다. 또한 6억원은 식구까지 부양하려면 마냥 큰돈은 아닙니다.

결국 6억원을 벌었더라도 투자계로 다시 돌아올 수밖에 없습니다. 게다가 장기간 투자를 반복할수록 결국에는 인덱스펀드에 뒤처질 확률이 매우 높습니다. 다음 장에서 증명할 예정입니다.

강조합니다. 투자는 평생 달려야 하는 마라톤과 같습니다. 오늘 100미터 달리기하듯이 전력질주해서 치고 나가는 사람을 부러워하지 말고, 인덱스펀드에 투자해 나의 페이스대로 달리세요. 예상보다 훨씬 높은 순위에 놀랄지도 모릅니다.

10%가 너무 느린 상승이라고 느끼는 분께는 조금만 참으면 로켓 상승이라고 말씀드립니다. 일단 시장이 10% 오르면 여러분의 투자금은 원금의 20%씩 오릅니다. 그러다 보면 금방 원금의 세 배가 되겠지요. 반복하다 보면 나중에는 시장이 10%만 올라도 여러분의 투자금은 하늘을 찌를 속도로 오르는 날이 올 것입니다.

3
PART

증명하기
뛰어봤자 인덱스펀드 손바닥

10% 복리가 만만해?

재테크 열풍인 요즘 복리의 마법, 복리의 파괴력은 이미 누구나 다 아는 상식입니다. 하지만 여전히 막상 인덱스펀드의 연평균 수익률 10%를 들으면 뭔가 시시하다고 느끼는 사람들이 대부분입니다. 따라서 이번에는 복리에 대해서 좀더 와닿는 설명을 해보려고 합니다.

워런 버핏도 연평균 20%

〈비즈니스 인사이더〉에 따르면 투자의 귀재 워런 버핏의 재산은 99%가 50세 이후에 얻어졌다고 합니다. 따져보면 그의 연평균 수익률은 생각보다 적게 느껴지는 약 20%입니다.

어떤가요? 아무것도 안 해도 매년 워런 버핏의 절반만큼 따라가는 인덱스펀드는 정말 신이 내린 축복의 선물이라는 생각이 들지 않나요?

세계 최고의 투자자인 워런 버핏이 이 정도인데, 만약 매년 20% 이상의 수익을 장기간 낼 수 있다고 주장하며 돈 맡기라는 사람이 있다면 사기이거나 망상일 가능성이 100%에 수렴한다고 봐도 될 것 같습니다.

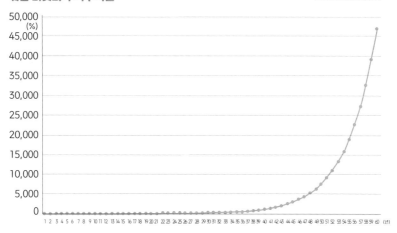

그래도 인덱스펀드의 연평균 10% 수익률이 너무 느린 상승이라고 느끼는 분께는 조금만 참으면 로켓 상승이라고 말씀드립니다. 이는 워런 버핏의 누적수익률 그래프와 비슷합니다.

　한동안은 지루하겠지만, 일단 원금의 두 배가 되는 순간부터는 시장이 10% 오르면 여러분의 투자금은 원금의 20%씩 오릅니다. 그러다 보면 금방 원금의 세 배가 되겠지요. 그러면 시장이 10% 오를 때 여러분의 투자금은 원금의 30%가 오릅니다. 이것을 반복하다 보면 나중에는 시장이 10%만 올라도 여러분의 투자금은 하늘을 찌를 속도로 오르는 날이 올 것입니다. 참고로 연 10%로 50년이면 117배, 100년이면 1만 3,781배입니다.

인덱스펀드의 목표는
평타가 아니다

앞서 설명했듯이 인덱스펀드는 평타가 아닌 1등을 위해서 개발된 상품입니다.

평타가 만만해?

우리 사회에서 '평타'라는 단어는 다소 부정적이고 만만한 듯한 어감을 가집니다. 시험도 평타를 목표로 하면 그리 어렵지 않지요. 하지만 주식시장은 일반적인 시험과 완전히 다릅니다.

늘 전교 1등을 하던 학생이 중간고사에서 교내 평균인 평타에 그치거나, 평타만 하던 학생이 갑자기 전교 1등이 되는 일은 흔치 않습니다. 반면 주식시장에서는 수많은 고수들이 한순간에 몰락하기도 하고, 아무 생각 없이 주목받지 않는 주식을 몇 년 가지고 있다가 1등 수익률을 달성하는 일이 흔합니다.

수많은 경제학자들이 단기적인 주가 예측은 인간에겐 불가능한 신의 영역이라 이야기합니다. 굳이 비유를 하자면 주식시장은 일반적인 학교 시험보다는 강자들끼리의 스포츠게임에 더 가까울 것 같습니다. 어느 정도 능력의 영향은 받지만, 조그마한 변수라도 생기면 그 누가 승리해도 놀랍지 않을 그런 팽팽한 승부의 세계 말이지요. 즉 주식시장에서 꾸준한 평타를 친다는 것은 이미 강자의 세계에 발을 들여놓은 것을 의미합니다.

재미 삼아 평타의 힘을 느낄 수 있는 비유를 준비해보았습니다.

2008년 올림픽 남자 양궁 8강전의 평균점수는 240점 만점에 216점입니다. 한국팀은 8강, 준결승, 결승 모두에서 최소 221점 이상을 냈고 224점의 높은 평균점수를 냈습니다.

여기에 '알파고'라는 가상팀이 합류하여 아홉 개팀이 대결을 한다고 가정해보겠습니다. 특이사항으로는 알파고팀은 눈이 오나, 비가 오나, 폭풍이 부나, 눈병이 나나, 팔이 부러지나 항상 나머지 여덟 개팀의 평균점수인 216점을 쏴 맞춥니다.

내일 열리는 아홉 개팀의 대결에서 승자는 누구일까요? 누구나 한국팀을 선택할 것입니다. 한국팀은 여덟 개팀의 평균인 216점보다 항상 높은 점수를 냈으니까요. 하지만 앞으로 1년간 365번 대결을 펼친 후 그 합계로 승자를 가린다면 어느 팀을 고르겠습니까? 또한 10년간 3,650번 대결을 펼친 후 그 합계로 승자를 가린다면 과연 누가 승자가 될까요?

심지어 알파고팀은 훈련은 1도 안 하면서 괴물같이 끝도 없이 평균점수를 따냅니다. 우직한 평타가 이렇게 무섭습니다.

그냥 이건 말도 안 되는 예시였지만, 지금부터는 여러 가지 신뢰성 있는 자료를 통하여 인덱스펀드의 탁월함을 설명하겠습니다.

평균 회귀의 법칙

투자의 세계에서는 블랙홀처럼 강력한 힘인 '평균 회귀의 법칙'이라는 표현이 있습니다. 얼핏 보기에 초반에는 누군가 고수익을 내며 앞서 나가고 누군가는 한참 뒤처진 것 같지만, 투자가 계속될수록 최종 수익은 결국 평균에 수렴해간다는 의미쯤으로 생각하면 됩니다.

미국의 저명한 경제미디어인 마켓와치Market watch는 '투자 뉴스레터'에서 추천한 수백 개 포트폴리오의 그해 수익률과 그다음 해 수익률을 조사한 분석을 발표합니다.

내용을 보면 특정 연도에 상위 20%의 수익률을 냈던 포트폴리오가 다음 해에는 평균적으로 수익률이 33.4% 하락했습니다. 또한 특정 연도에 하위 20%의 수익률을 냈던 포트폴리오는 그다음 해 평균적으로 수익률이 32.9% 상승했습니다.

〈이코노미스트〉의 평론가인 버튼우드가 발표한 수치도 크게 다르지 않습니다. 그는 2013년에 실적이 상위 25%에 속했던 펀드 중 다음 해에도 상위 25%를 유지한 펀드의 비율, 그중 그다음 해에도 상위 25%를 유지한 펀드의 비율을 조사하고, 이런 식으로 2017년까지 상위 25%를 유지한 펀드의 비율을 발표합니다.

충격적이게도 2013년에 실적 상위 25%였던 펀드 중 2017년까지도 실적이 상위 25%를 유지한 펀드는 0.3%에 불과합니다. 수익률이 높이 치솟는 듯한 펀드도 그 실적을 오래 유지하지 못할 확률이 훨씬 높다는 것이지요.

여러분이 만약 이러한 '평균 회귀 법칙'을 깨닫는다면 주변 사람들

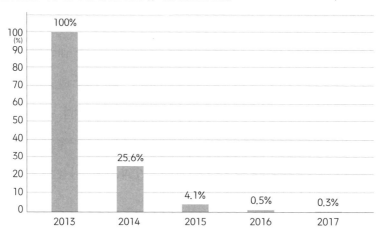

2013년 이후 실적 상위 25%를 유지한 펀드의 비율

출처: Theotcspace.com

의 높은 수익률을 시기하거나 질투하지 않고, 나의 페이스대로 묵묵히 나아갈 수 있습니다. 일시적으로 치고 나가는 듯한 사람들도 장기적으로는 결국 매우 높은 확률로 평균 회귀하기 때문이지요.

　주식시장에 뛰어든 투자자들은 끊임없이 '평균'이라는 블랙홀을 맴돌며 분투합니다. 그 바람에 불필요한 에너지와 비용 소모매매비용, 펀드수수료도 많이 합니다. 반면 인덱스펀드는 아무런 고생 없이 평타를 치고, 펀드수수료도 매우 저렴하여 쓸데없는 비용 소모도 없습니다. 잦은 매매비용과 펀드수수료 등으로 야금야금 자산을 까먹고 있는 투자자들에 비해 이미 한 발짝씩 더 앞서가는 셈이지요.

　실제로 내로라하는 펀드매니저들과 인덱스펀드의 수익률을 비교해보면 더욱 고개를 끄덕이게 될 것입니다. 다음은 그 대결의 결과입니다.

인덱스펀드 vs 펀드매니저 – 단기 배틀

세계 3대 신용평가회사인 S&P에서는 매년 SPIVAS&P Indices Versus Active 라는 통계를 발표합니다. 펀드매니저들이 운용하는 펀드 중 시장 평균 지수 중 하나인 S&P500지수보다 낮은 수익률을 기록한 펀드의 비율이 얼마나 되는지를 분석한 통계입니다.

S&P500지수보다 수익률이 낮은 펀드 기준 : 2021년 2월 13일 | 출처 : SPIVA

기간	1년	3년	5년
비율	63.17%	71.24%	77.97%

숫자로 접하니 더욱 와닿고 놀랍지 않은가요? 1년만 놓고 봐도 인덱스 펀드보다 낮은 수익률을 기록하는 펀드가 63.17%나 되며, 5년간 지켜 봤을 경우 약 78%의 펀드가 인덱스펀드 앞에 무릎을 꿇습니다.

투자 기간을 늘릴수록 인덱스펀드의 승률은 빠르게 증가할 것입니다. 즉 여러분이 가용자산을 전부 인덱스펀드에 올인하고 5년간 가만히 기다리기만 해도 78%의 펀드를 앞설 수 있다는 말입니다. 그렇다면 5년 이상으로 기간을 더 늘려보면 어떨까요? 그 결과는 더욱 충격적입니다.

인덱스펀드 vs 펀드매니저 – 장기 배틀

존 보글은 1970년에 존재했던 주식형펀드 355개를 2016년까지 시장 평균지수와 비교분석하여 그 결과를 발표했습니다.

조사에 따르면 355개 중 281개의 펀드는 도중에 사라졌고, 29개는 시장 평균지수에 뒤처졌습니다. 또 다른 35개 펀드는 시장 평균지수와 무승부에 가까운 결과를 보였습니다. 게다가 승자라고 할 수 있는 나머지 10개 펀드 중에서도 8개는 시장 평균지수와 수익률 차이가 겨우 2% 미만이었습니다.

다시 말해 인덱스펀드를 확실하게 이겼다고 할 만한 펀드의 비율은 겨우 0.56%였습니다. 355개의 펀드와 맞붙어서 인덱스펀드가 기록한 승률은 약 97%입니다.

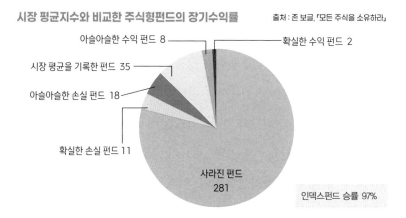

시장 평균지수와 비교한 주식형펀드의 장기수익률　출처 : 존 보글, 『모든 주식을 소유하라』

그렇다면 연기금펀드와의 비교는 어떨까요? 참고로 연기금은 규모도 아주 거대하고 운용비용도 엄청나므로 '슈퍼스타'라는 표현조차 부족한 초일류 펀드매니저들이 운용합니다. 100억 달러의 연기금을 운용한다고 했을 때, 연기금 운용비용으로 연 0.1%만 받아도 연봉이 1,000만 달러에 이르니 초일류로 구성될 수밖에 없겠지요.

인덱스펀드 vs 초일류 펀드매니저

미국의 저명한 투자이론가이자 경제사학자인 윌리엄 번스타인은 저서 『투자의 네 기둥』에서 연기금펀드 243개의 1987년부터 1999년까지의 실적을 분석해 발표했습니다. 그런데 그중에서 90% 이상이 시장수익률을 넘지 못한 충격적인 결과를 보였습니다. 다시 말해 이번에도 역시 인덱스펀드를 선택 후 아무런 노력 없이 기다리기만 해도 승리할 확률이 90%에 달하는 것입니다.

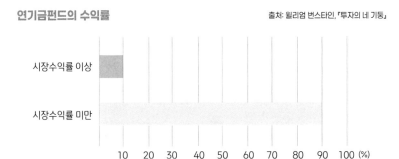

연기금펀드의 수익률 출처: 윌리엄 번스타인, 『투자의 네 기둥』

인덱스펀드 vs 개별종목

인덱스펀드가 일반펀드를 높은 확률로 앞지른다는 사실은 자명해 보입니다. 그럼에도 여전히 의구심이 생기고, 펀드가 아니라 개별종목을 잘 분석하고 엄선하면 인덱스펀드를 능가할 수 있을 것이라고 생각되나요? 그래서 현재 국내에서 매매할 수 있는 미국 개별종목들의 수익률을 인덱스펀드와 비교해보았습니다.

실제 미국 증시에 상장된 기업은 3,000~4,000개가량이지만, 파생상품인 ETF 등까지 합하면 매매할 수 있는 종목은 약 9,000개 내외입니다. 제가 사용하는 키움증권의 영웅문s글로벌은 이 9,000개 내외의 모든 종목의 누적수익률을 계산하여 순서대로 정렬하는 기능을 제공하므로 이를 바탕으로 VTI의 기간별 누적수익률 추이를 보여드리겠습니다2021년 4월 20일 기준.

현재 키움증권은 모든 종목의 누적수익률 순위를 30일치까지만 제공하므로 더 장기간의 비교는 어렵지만, 이것만 봐도 유의미한 변화를 목격할 수 있습니다.

개별종목과 VTI의 1일간 누적수익률

순위	종목코드		등락률
1	MRLN	▲	48.5
2	AMBO	▲	44.57
3	CMMB	▲	35.7
4	KNL	▲	33.31
5	AMRB	▲	22.94
·	·	·	·
·	·	·	·
·	·	·	·
5,374	**VTI**	▼	**−0.86**
·	·	·	·
·	·	·	·
·	·	·	·
8,938	IMCB	▼	−75.23
8,939	ISCB	▼	−75.35
8,940	ILCG	▼	−80.19
8,941	IMCG	▼	−83.57
8,942	ISCG	▼	−83.59

총 종목수 : 8,942개
VTI 1일간 누적수익률 순위 : 5,374위
VTI 백분위 : 60.10%

1일 누적수익률부터 보면 VTI는 총 8,942개의 종목 중 5,374위로 상위 60.10%, 즉 중간보다도 못한 기대 이하의 성적을 거둡니다. 하지만 5일 누적수익률은 총 8,923개 종목 중 3,194위로 상위 35.80%에 속하는 성적을 거둡니다. 불과 4일만 더 쥐고 있어도 성적이 급상승하는 셈이지요.일마다 총 종목수가 달라지는데, 중간중간 상장폐지 등의 이유로 통계에서 이탈하는 종목이 있어서 그런 것으로 보이며 추세 확인에는 큰 지장이 없습니다.

개별종목과 VTI의 5일간 누적수익률

순위	종목코드		등락률
1	CGA	▲	81.88
2	MFNC	▲	58.96
3	CLOVW	▲	57.54
4	GFN	▲	56.73
5	MRLN	▲	55.42
·	·	·	·
·	·	·	·
·	·	·	·
·	·	·	·
3,194	**VTI**	▲	**0.61**
·	·	·	·
·	·	·	·
·	·	·	·
·	·	·	·
8,919	IMCB	▽	-74.86
8,920	ISCB	▽	-75.03
8,921	ILCG	▽	-79.84
8,922	IMCG	▽	-83.26
8,923	ISCG	▽	-83.35

총 종목수 : 8,923개
VTI 5일간 누적수익률 순위 : 3,194위
VTI 백분위 : 35.80%

여기서 5일만 기간을 더 늘려 10일이 되면 백분위 상위 25%에 근접하고, 30일 차에는 25% 안으로 안착에 성공합니다. 즉 VTI를 쥐고 한 달만 아무것도 안 하고 기다리기만 해도 수익률이 전체 종목의 75% 이상을 앞선다는 뜻입니다.

30일 이상의 누적 기록은 키움증권의 프로그램에서 제공하지 않아 싣지 못했지만, 이 책을 지금까지 읽은 분이라면 투자 기간이 장기화될수록 인덱스펀드의 승률이 점점 더 높아지리라는 것을 쉽게 유추할 것입니다.

개별종목과 VTI의 10일간 누적수익률

순위	종목코드		등락률
1	CGA	▲	159.84
2	BBEU	▲	104.39
3	BBAX	▲	103.79
4	BBCA	▲	101.89
5	BBSA	▲	100.39
⋮	⋮	⋮	⋮
2,230	**VTI**	▲	**1.88**
⋮	⋮	⋮	⋮
8,889	ISCB	▽	-75.16
8,890	ILCG	▽	-79.35
8,891	IMCG	▽	-82.92
8,892	ISCG	▽	-83.53
8,893	TIRX	▽	-85.49

> 총 종목수 : 8,893개
> VTI 10일간 누적수익률 순위 : 2,230위
> VTI 백분위 : 25.08%

지면상 일일이 소개하기가 어려워서 그렇지, 대부분의 투자자가
내는 수익률이 인덱스펀드의 수익률을 장기적으로는 능가하기 어렵다
는 사실을 보여주는 분석 결과는 수도 없이 많습니다. 이쯤 되면 인덱
스펀드라는 축복의 선물을 놔두고, 오랫동안 다른 길을 찾아 헤맸다
는 것이 어리둥절할 지경입니다.

개별종목과 VTI의 30일간 누적수익률

순위	종목코드		등락률
1	AAC	▲	1,943.75
2	BTX	▲	706.61
3	TCOM	▲	648.06
4	TKAT	▲	613.84
5	LINK	▲	573.97
. . . .	. . . .	. . . .	. . . .
2,145	**VTI**	▲	**7.36**
. . . .	. . . .	. . . .	. . . .
8,629	GSX	▽	-71.98
8,630	FREQ	▽	-75.09
8,631	IDRA	▽	-75.48
8,632	TIRX	▽	-76.49
8,633	ODT	▽	-81.18

총 종목수 : 8633개
VTI 30일간 누적수익률 순위 : 2,145위
VTI 백분위 : 24.85%

배당주를 배당으로
이기는 인덱스펀드

자산을 어느 정도 모았다고 생각되면 아마도 많은 사람들이 안전한 배당투자로 눈을 돌릴 것입니다. 이때 가장 주목해서 보게 되는 지표 중 하나는 배당주의 배당수익률이겠지요. 하지만 자칫 잘못하다가는 고배당주의 함정에 빠질 수 있기에 주의해야 합니다.

예를 들어봅시다. 여러분은 A사와 B사 중 평생 직장을 선택한다면 어디를 고르겠습니까?

A회사
초봉은 높지만 회사는 위태위태
연봉은 동결이거나 삭감 가능성 높음

B회사
초봉은 낮지만 회사는 탄탄대로
연봉은 상승 가능성 높음

고배당보다 배당성장률

배당투자에서 중요하게 봐야 할 것은 현재의 배당금뿐만이 아닙니다. 이 회사가 번창하며 배당금을 점점 늘리고 있는지를 평가하는 배당성장률을 반드시 살펴야 합니다. 현재 배당금이 크지만 성장을 멈춘 회사보다는, 현재 배당금은 적지만 성장해가는 회사가 장기적으로 봤을 때 더 좋을 수 있다는 말입니다. 즉 당장의 고배당주도 좋지만 배당성장주를 가려내는 안목이 매우 중요합니다.

다음의 그래프는 2003년 당시 5.12%의 고배당을 지급했던 ETF인 TLT, 그리고 1.85%의 저배당을 지급했던 SPY의 연배당금 추이를 나타낸 것입니다.

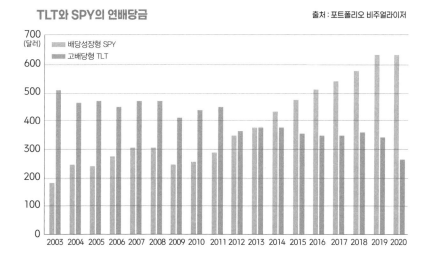

TLT와 SPY의 연배당금　　　　　　　出처 : 포트폴리오 비주얼라이저

TLT의 연배당금은 해마다 줄어드는 양상을 보이지만, SPY의 연배당금은 지속적으로 늘어나 2020년에는 TLT의 두 배가 넘습니다. 이것을

보면 장기 배당투자자에게는 배당성장성을 가려내는 안목이 중요함을 알 수 있습니다. 문제는 배당성장주를 가려내는 것이 매우 어렵다는 것입니다. 배당성장주는 현재 회사의 매출, 영업이익, 전망, 경쟁력, CEO의 자질 등 분석할 것이 한두 가지가 아닐뿐더러 적중하기도 어렵습니다.

그렇다면 어렵게 생각할 것 없이 세계적인 우량 배당주들을 선택하면 어떨까요? 혹은 미국의 다우존스지수를 구성하는 초우량기업 30개는 어떨까요? 아니면 50년 이상 연속해서 배당금을 증액한 미국 기업들을 지칭하는 배당킹 종목들은 어떨까요?

미국에서 배당을 잘 주는 상위 기업들의 10년 평균 배당성장률은 다음 표와 같습니다. 기업들을 이렇게 목록화해서 보여드리는 이유는 알 만한 기업들의 배당성장률이 어느 정도인지 감을 잡기 위해서입니다.

표를 보면 코카콜라, 맥도날드, IBM, 인텔, 나이키, 마이크로소프트 등 이 기업을 모르는 사람을 찾는 게 더 어려울 정도의 어마어마한 대기업들이 포함되어 있습니다. 또한 연평균 배당성장률 10%도 쉬운 것이 아니라는 사실을 알 수 있습니다. 다시 말해 미국에서 배당을 잘 주는 상위 기업들의 배당성장률 전체 평균은 8.98%에 불과합니다. 반면 놀랍게도 VTI는 2021년 2월 9일 기준 무려 9.21%의 배당성장률을 보입니다.

그렇다면 배당에 특화되었다고 알려진 ETF들은 어떨까요? 시중에서 배당형 ETF로 유명한 상품들의 10년 평균 배당성장률을 살펴보았습니다. DGRO, DGRW, NOBL 등의 유명한 배당 ETF들은 아직 운용 기간이 짧아 10년치 데이터가 없어서 제외되었습니다.

세계적인 배당 성장 기업의 10년 평균 배당성장률

출처 : 시킹 알파

종목코드	회사명	배당성장률 (%)	종목코드	회사명	배당성장률 (%)
ABM	ABM Industries Inc.	0.27	LOW	Lowe's Cos., Inc.	18.85
AWR	American States Water Co.	9.43	MCD	McDonald's Corporation 〈맥도날드	8.35
AXP	American Express Company	9.10	MMM	3M Co.	10.84
BKH	Black Hills Corporation	4.19	MO	Altria Group Inc.	8.82
CAT	Caterpillar Inc.	9.13	MRK	Merck & Co., Inc	5.02
CBSH	Commerce Bancshares, Inc.	6.16	MSFT	Microsoft Corporation 〈마이크로 소프트	14.28
CINF	Cincinnati Financial Corp.	4.35	NDSN	Nordson Corp.	14.43
CL	Colgate-Palmolive Co.	5.60	NFG	National Fuel Gas Co.	2.59
CVX	Chevron Corporation	6.15	NKE	NIKE, Inc 〈나이키	13.69
CWT	California Water Service Group	3.64	NWN	Northwest Natural Holding Co	1.30
DOV	Dover Corp.	10.64	PFE	Pfizer Inc.	7.76
EMR	Emerson Electric Co.	4.03	PG	The Procter&Gamble Company	5.16
FMCB	Farmers & Merchants Bancorp	2.65	PH	Parker-Hannifin Corp.	12.65
FRT	Federal Realty Investment Trust	4.72	PM	Philip Morris International Inc	6.87
FUL	H.B. Fuller Company	8.82	RTX	Raytheon Technologies Corporation	5.80
GPC	Genuine Parts Co.	6.78	SCL	Stepan Co.	8.71
GS	The GoldmanSachs Group, Inc.	13.58	SJW	SJW Group	6.55
HD	The Home Depot, Inc.	20.30	SWK	Stanley Black & Decker Inc	7.57
HRL	Hormel Foods Corp.	16.04	SYY	Sysco Corp.	9.15
IBM	International Business Machines Corporation 〈IBM	10.04	TRV	The Travelers Companies, Inc.	9.10
INTC	Intel Corporation 〈인텔	7.68	UNH	UnitedHealth Group Incorporated	28.13
JNJ	Johnson & Johnson	6.55	UVV	Universal Corp.	4.99
JPM	JPMorgan Chase & Co.	33.51	VZ	Verizon Communications Inc.	2.94
KO	Coca-Cola Co 〈코카콜라	6.42	WBA	Walgreens Boots Alliance, Inc.	11.46
LANC	Lancaster Colony Corp.	9.98	WMT	Walmart Inc.	5.97
			XOM	Exxon Mobil Corporation	7.18
	평균				8.98
	VTI				9.21

배당 특화형 ETF의 10년 평균 배당성장률 출처 : 시킹 알파

종목코드	ETF 명	배당성장률 (%)	운용비용 (%)
DEM	WisdomTree Emerging Markets High Dividend ETF	1.12	0.63
DES	WisdomTree SmallCap Dividend ETF	2.62	0.38
DFJ	WisdomTree Japan SmallCap Dividend ETF	9.59	0.58
DGS	WisdomTree Emerging Markets SmallCap Dividend ETF	3.17	0.63
DLS	WisdomTree International SmallCap Dividend ETF	1.47	0.58
DON	WisdomTree MidCap Dividend ETF	7.27	0.38
DVY	iShares Select Dividend ETF	7.54	0.39
FDL	First Trust Morningstar Dividend Leaders Index ETF	8.66	0.45
FVD	First Trust Value Line Dividend ETF	7.19	0.7
IDV	iShares International Select Dividend ETF	2.04	0.49
SDY	SPDR S&P Dividend ETF	5.66	0.35
VIG	Vanguard Dividend Appreciation ETF	8.16	0.06
VYM	Vanguard High Dividend Yield ETF	10.29	0.06
	평균	5.75	0.44
	VTI	9.21	0.03

정말 허무하고 허탈하게도 배당에 특화되었다고 알려진 ETF들조차 전체 평균 5.75%로 VTI의 배당성장률을 앞지르지 못합니다. 그나마 간혹 VTI를 앞지르는 것으로 보이는 ETF조차도 운용비용을 제하고 나

서 평가를 해보면 오히려 뒤처지는 경우가 많습니다. 배당 ETF의 운용비용은 종목을 선정하고 관리하는 수고가 들어가므로 0.03%인 VTI의 10~20배인 경우가 많습니다.

즉 인덱스펀드는 배당투자에서도 최상급의 강력한 무기임을 알수 있습니다. 일일이 종목을 선정하려고 애쓰는 것보다 모든 종목을 한꺼번에 다 끌어안고 묵묵히 기다리는 것이 얼마나 강력하고 확실한 투자법인지 다시 한 번 깨닫게 되는 순간입니다.

인덱스펀드,
정말 아무것도 몰라도 되나

여기까지 정독한 독자라면 인덱스펀드가 참 훌륭한 상품이라는 것을 이해하셨으리라 믿습니다. 그리고 여러분이 인덱스펀드에 투자하기로 마음먹었다면 더 이상 개별 기업의 전망, 재무제표, PER, PCR, PBR 등의 복잡한 개념들은 신경 쓸 필요가 없습니다. 오직 하나 남는 신경거리는 국가 전체의 시장 전망뿐입니다. 그나마도 편안한 마음으로 배당을 챙기며 오랫동안 장기투자한다면 개의치 않아도 됩니다.

다시 말해 무작정 인덱스펀드를 시작해도 별 문제 없습니다. 그 이유를 몇 가지 설명하려 합니다.

애초에 시장 전망은 예측 불가

수많은 저명한 학자들은 주가가 상승할지 하락할지 그 방향은 예측이 불가능하다고 말합니다. 하지만 그에 대한 반론도 있기에 객관적인 통계를 제시하겠습니다.

월가의 걸출한 펀드매니저였던 데이비드 드레먼은 『역발상 투자』에서 1929년 이후 전문가들의 시장 주가방향 예측을 모두 추적하여 정확도를 분석했고 그 결과, 놀랍게도 그들의 예측 적중률은 23%에 불과했습니다.

전문가들의 시장 주가방향 예측 출처: 데이비드 드레먼, 『역발상 투자』

이것이 얼마나 충격적인 수치인지 깨닫게 해줄 사례가 있습니다. 다음 그래프는 제가 1985~2020년 사이 432개의 달 중 아무 달이나 골라 S&P500에 투자한 후 한 달 뒤에 주가가 상승했는지 하락했는지 통계 분석한 것입니다.통계 작성 방법은 36쪽 참조.

무작위로 주식을 샀을 때 1개월 후 주가방향

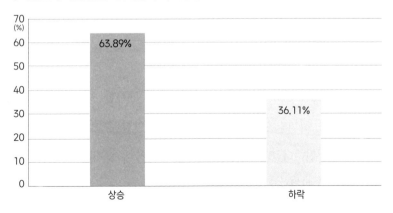

무작위로 주식을 샀을 때 한 달 뒤 주가가 상승할 확률은 63.89% 였습니다. 즉, 누군가 여러분에게 한 달 뒤 주식시장이 어떻게 될지 예측해보라고 했을 때, 앵무새처럼 맨날 상승한다고만 말해도 적중할 확률이 63.89%라는 뜻입니다.

그렇다면 앞에서 말한 전문가들의 주가방향 적중률이 23%라는 것은 뭘 의미할까요? 네, 시장전망 예측은 애초에 거의 불가능이라는 뜻입니다.

좀더 와닿는 실제 예시를 들어보겠습니다. 다음은 미국 S&P500 지수의 최근 10년간 차트입니다.

최근 10년간의 S&P500지수　　　　　　　　　　　　　출처: 네이버 금융

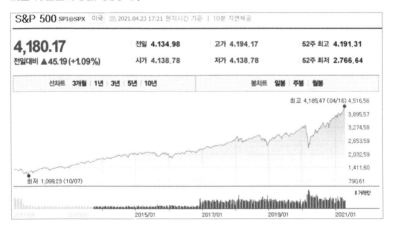

지금 보면 2011~2013년은 미국 주식시장에 투자할 최고의 타이밍으로 보입니다. 하지만 모두 다 지나고 나서야 말할 수 있는 결과론적인 이야기일 뿐입니다. 당시에는 주식시장에 거품이 빠지는 위기가 찾아올 것이라는 의견도 상당수였습니다.

아래는 당시의 경제뉴스 헤드라인들입니다.

일반적으로 시장의 주가가 기업의 펀더멘탈203쪽 참조보다 과도하게 높을 때 우리는 주식시장에 거품이 꼈다고 표현합니다. 그리고 그 거품은 장기적으로 주가가 펀더멘탈에 수렴하는 특성 때문에 언젠가 사라집니다. 게다가 여러 가지 주가분석법을 통해 펀더멘탈과 주가 사이의 괴리를 측정하여 증시의 거품 및 과열 여부를 평가할 수도 있습니다.

그렇다면 다음과 같은 의문이 드는 분도 있을 것입니다.

"아니, 그럼 거품이 꼈을 때는 주식을 사지 말아야 되는 것 아닌가?"

"주가분석법으로 거품을 측정할 수 있다는 말은 결국, 주가의 방향도 예측 가능하다는 소리 아닌가?"

이 말은 반은 맞고 반은 틀립니다. 거품은 꼭 주가가 폭락하면서 사라지는 것만은 아니기 때문입니다. 보통 대부분의 사람들은 다음의 그래프A와 같이 주가가 폭락하면서 거품이 사라지면 펀더멘탈과 수렴할 것이라 생각합니다. 때문에 거품이 꼈다는 뉴스가 들려오면 조마조마해 주식을 사지 않으려 하지요.

하지만 그래프B와 같이 주가는 버텨주고 오히려 천천히 오르며,

거품이 사라지는 과정 A

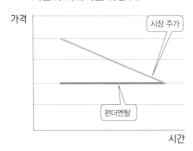

거품이 사라지는 과정 B

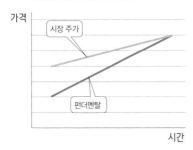

거품이 사라지는 과정 C

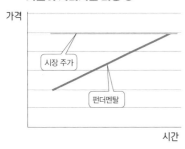

그 사이에 펀더멘탈은 더 가파르게 성장하면서 거품이 사라지는 경우도 있습니다. 이 경우에는 주가가 다소 거품처럼 보였더라도 과감히 일찍 투자한 사람이 수익률이 더 좋습니다.

그렇다면 그래프C와 같은 경우는 펀더멘탈이 성장하면서 거품은 사라졌지만 주가의 변화는 없으니 일찍 사봤자 이득이 없지 않냐고요?

아닙니다. 인덱스펀드의 경우 일찍부터 주식을 소유한 덕분에 남들보다 먼저 오랜 기간 배당을 받아왔으니 당연히 수익률이 더 좋습니다.

타이밍 예측 자체가 큰 의미가 없다

아무리 시장 전망이 예측 불가능하다지만 그래도 저점에 매수하는 것이 고점에 매수하는 것보다 낫지 않을까요? 물론입니다. 그런데 영국의 금융기관인 앨버트 브리지 캐피털은 '시장 타이밍의 유용성The Futility of Market Timing'이라는 글에서 타이밍 예측 투자에 대한 아주 흥미로운 통계를 보여줍니다.편의상 비교대상을 철수와 영수라 바꿔 부르겠습니다.

철수와 영수가 1989년부터 2018년까지 30년 동안 매년 1년에 한 번씩 S&P500에 1,000달러를 투자했다고 합시다. 철수는 운이 좋게 늘 연중 주가가 가장 낮은 날만 골라서 투자했다고 하지요.1/253을 30번 곱한 값으로, 천운이라는 표현조차 한참 모자란 기적의 확률입니다. 반면 영수는 정말 운이 나쁘게 늘 연중 주가가 가장 높은 날만 골라서 투자했다고 가정하겠습니다.이 역시 기적의 확률이긴 합니다.

철수와 영수는 총 3만 달러를 투자했는데, 둘의 최종 잔액은 철수 15만 5,769달러이고 영수 12만 1,822달러입니다. 철수와 영수 둘 다 충분히 우수한 수익을 거뒀으며, 최고의 행운아와 최악의 불운아의 대결치고는 수익률의 차이가 20% 남짓으로 적게 납니다.

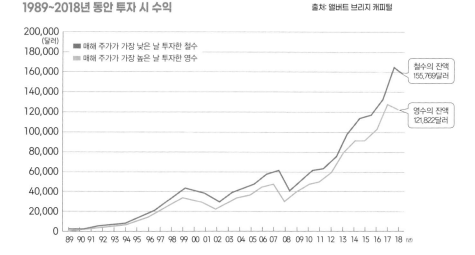

1989~2018년 동안 투자 시 수익   출처: 앨버트 브리지 캐피털

- 매해 주가가 가장 낮은 날 투자한 철수
- 매해 주가가 가장 높은 날 투자한 영수

철수의 잔액 155,769달러

영수의 잔액 121,822달러

1969~1998년 동안 투자 시 수익

출처 : 앨버트 브리지 캐피털

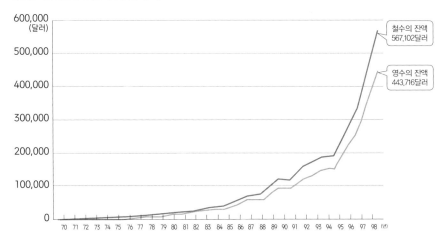

다른 시기의 30년을 비교해봐도 철수와 영수의 수익률 차이는 크지 않습니다. 1969년에서 1998년까지 30년간 1년에 한 번씩 1,000달러를 투자했을 때도 늘 연중 주가가 가장 낮은 날에 투자한 경우의 결과가 특별히 더 좋지는 않습니다.

시기를 바꿔 이번에는 1959년에서 1988년까지의 30년을 보지요. 이때에도 그래프의 기울기만 앞서와 다를 뿐 철수와 영수의 수익률은 비등하게 함께 움직입니다.

그럼에도 철수와 영수 사이의 차이인 20% 수익률이 커보인다고요? 참고로 철수가 30년 동안 연중 최저점을 적중할 확률은 1,240,000,000,000,000,000,000,000,000,000,000,000,000,000,000,000,00 0,000,000,000,000분의 1입니다. 게다가 영수가 30년 동안 연중 최고점만 적중할 확률도 철수와 같지요.

1959~1988년 동안 투자 시 수익

출처 : 앨버트 브리지 캐피털

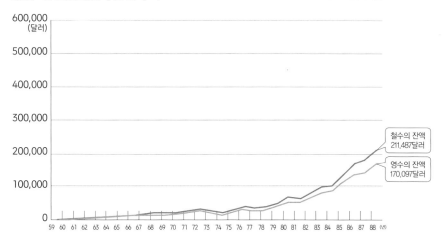

철수의 잔액
211,487달러

영수의 잔액
170,097달러

즉 이런 확률을 뚫은 최고와 최악 간의 차이가 20%라는 것은, 달리 말해 대부분의 사람들끼리는 수익률 차이가 거의 없다는 뜻입니다. 그러니 최고의 투자시점을 찾기 위해 하루종일 머리 터지도록 고민할 시간에, 마음 편히 인생의 행복을 위해 좋은 곳에서 좋은 사람들과 시간을 보내는 것이 더 나을 것입니다.

5

장기투자자에겐 폭락이
그리 나쁘지 않다

시장 전망은 예측이 불가능하고 예측을 해도 수익률의 차이는 거의 없다는 사실을 깨달았을 것입니다. 이번에는 폭락장을 예측해서 바닥에 들어갔을 때의 사례를 살펴봅시다. 철수와 영수가 1993년 1월에 같이 투자를 시작하여 28년간 각자 다른 방식으로 운용했다고 해보지요. 기간은 가장 오래된 ETF인 SPY의 상장년도인 1993년을 기준으로 했으며, 환율은 36쪽에서 소개한 '한국형 통계자료'를 근거로 계산했습니다.

폭락장을 예측해도 결과는?

철수는 저점 예측의 달인입니다. 매달 100만원을 통장에 모으다가 폭락장이 오면 그동안 모은 돈을 전부 투입하여 인덱스펀드를 매수합니다. 그 이후에는 다음 폭락장이 올 때까지 또다시 매달 100만원씩 통장에 모으다가 다음 폭락장이 오면 또 그동안 모은 돈을 전부 투입하여 인덱스펀드를 매수하는 방식입니다. 주가흐름을 나름 지켜보며 타이밍을 재는 것이지요. 참고로 1993년 이후 미국 증시에서 30~40%에 달하는 폭락이 있었던 시기는 2000년 IT버블 붕괴, 2008년 글로벌 금융위기, 2020년 코로나19 위기입니다. 다음 그래프는 달러화를 우리나라 기준으로 환전한 차트인데, 우리나라 주가흐름에서는 2002년 9월, 2009년 3월, 2020년 3월이 그 바닥에 해당합니다. 철수는 이 세 번의 바닥 지점에서 절묘하게 풀매수를 했습니다.

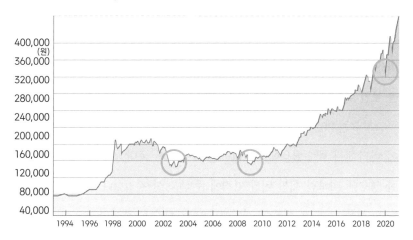

SPY의 원화 환산 추이   출처 : 트레이딩 뷰

반면 영수는 아무 생각 없이 매달 100만원으로 인덱스펀드를 매수합니다. 그냥 28년 동안 적금 붓듯이 기계적으로 매수하는 게 다입니다.

두 사람은 2021년 1월에 각자의 최종 계좌잔고를 확인합니다.

> **28년간 타이밍을 조절해가며 총 3억 3,600만원 투입한 철수**
· 평가자산 : 9억 6,048만 9,015원   · 배당자산 : 1억 2,146만 2,028원
· **계좌잔고 : 10억 8,195만 1,043원**

> **28년간 아무 생각 없이 매달 100만원씩 총 3억 3,600만원 투입한 영수**
- 평가자산 : 12억 4,762만 1,973원   · 배당자산 : 1억 9,751만 7,259원
- 계좌잔고 : 14억 4,513만 9,232원

철수는 꼼꼼한 분석과 탁월한 감으로 대폭락의 바닥마다 공략했음에도 최종 금액은 약 10억 8,000만원으로 영수의 약 14억 4,000만원에 비해 오히려 25%나 적습니다. 얼핏 생각하면 의아하지만 앞의 그래프를 보면 이해가 될 것입니다.

철수는 2020년 코로나19로 인한 대폭락 시점을 정확하게 예측하여 바닥에서 매수했음에도, 2008년 금융위기 폭락 직전에 고점 매수한 영수에 비하면 훨씬 비싼 가격에 주식을 산 것입니다. 또한 2000년도 IT버블 붕괴 후 대폭락 시기에도 바닥 매수를 했지만 1996년에 아무 생각 없이 산 영수에 비하면 훨씬 비싼 가격에 주식을 산 꼴입니다.

게다가 일찍부터 영수가 보유하던 주식에서 뿜어져 나오는 배당금도 무시할 수 없습니다. 이 배당금만 해도 영수는 철수보다 약 7,600만원을 더 받습니다.

여기서는 예측천재 철수라는 극단적인 예를 들어 설명했지만, 사실 폭락장을 모두 예측하는 게 과연 인간의 힘으로 가능하기나 할까요? 또한 예측을 한다고 해도 크게 효과도 없습니다.

즉 폭락은 예측하는 것보다 극복하는 것이 훨씬 중요한 것이고, 결국 폭락 극복의 가장 강력한 무기는 빠른 진입을 통한 장기투자, 즉 시

간이라는 것을 알 수 있습니다.

폭락을 극복하는 무기

앞서 말했듯이 변동성이 큰 코스피시장도 20년을 투자했을 때는 손실을 볼 확률이 0%라는 통계결과가 있습니다만80쪽 참조, 사실 20년은 좀 지나치게 긴 기간이기는 하죠.

그래서 이번에는 한국인이 미국 인덱스펀드에 투자했을 경우, 1개월씩 단타를 쳤을 때와 5년간 중타개인적으로 5년을 장기투자로 생각하지 않습니다를 쳤을 때 수익을 낼 확률을 계산해보겠습니다.단, 배당금은 보너스로 보고 수익금 계산에 넣지 않았습니다. 환율을 고려해야 하기 때문에 36쪽에서 제시한 제가 쓰는 한국형 통계자료를 사용했습니다.

1개월 투자 결과

다음의 그래프는 1985년 1월 1일부터 2016년 1월 1일까지 373개월의 각 1개월 단타 수익률을 분석한 것입니다. 가로축의 날짜는 '투자를 시작한 날짜'이고, 막대의 값은 '해당 날짜에 투자한 후 1개월이 지났을 때의 수익률'을 의미합니다. 세로축의 수익률이 0보다 높은 것은 플러스 수익률을 기록한 것이고, 0보다 낮은 것은 마이너스 수익률을 기록한 것이지요.

예를 들어 첫 번째 막대의 경우 1985년 1월 1일 투자를 시작한 후 1개월이 지났을 때의 수익률을 보여줍니다. 수익률이 0.86% 정도입니다.

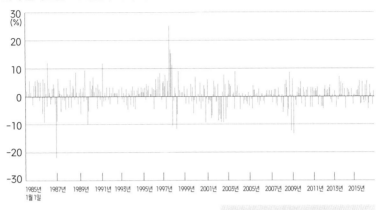

미국 인덱스펀드 1개월 투자 수익률

수익확률 : 61.93% 기대수익률 : 0.84%

이제 전체적으로 그래프를 보면 수익이 났을 때와 손실이 났을 때가 비슷한 비중으로 보입니다. 전체 개월 수 대비 수익을 낸 개월 수를 수치로 따져보니 61.93%입니다.

결과적으로 1985년 1월 1일부터 2016년 1월 1일까지의 373개월 중에서 눈 감고 아무 때나 인덱스펀드에 돈뭉치를 던져넣었을 경우 1개월 후 수익을 낼 확률은 61.93%입니다. 기대수익률은 0.84%였습니다. 손실확률이 40%에 가까워 선뜻 투자할 마음이 생기는 그래프는 아닙니다.

5년 투자 결과

그렇다면 투자 기간을 5년으로 늘린다면 안정성이 증가할까요? 다음은 투자 기간이 5년인 경우의 수익률을 분석한 것입니다. 마찬가지로 가로축은 '투자를 시작한 날짜'이고, 막대의 값은 '해당 날짜에 투자한 후 5년이 지났을 때의 수익률'입니다. 세로축에서 수익률이 0보다 높은 경우가 투자 기간이 1개월인 경우보다 늘어난 것을 볼 수 있습니다.

미국 인덱스펀드 5년 투자 수익률

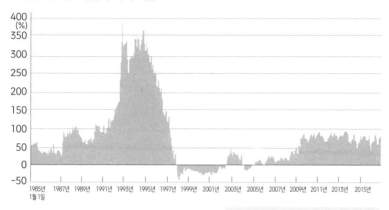

수익확률 : 82.57%, 기대수익률 : 73.05%

전체 개월 수 대비 수익을 낸 개월 수를 따지는 수익확률도 82.57%로 증가했습니다. 다시 말해 1985년 1월 1일부터 2016년 1월 1일까지 373개의 달 중 아무 때나 인덱스펀드에 눈 감고 돈뭉치를 던져넣어도, 5년만 지나면 수익을 낼 확률은 82.57%로 급상승합니다. 게다가 기대수익률도 73.05%가량으로 1개월 기대수익률보다 월등히 높아집니다. 투자 기간을 5년으로 늘리기만 해도 그래프가 놀라울 정도로 안정적으로 바뀐 것입니다.

　여기서 가장 운이 없었던 사람은 1998년 2월 1일에 투자에 뛰어든 사람입니다.편의상 영수라고 하겠습니다. 가뜩이나 1997년 말 외환위기 이후 폭등한 환율 때문에 비싼 값에 미국 주식을 샀는데, 5년 후 2003

년 2월 1일에는 IT버블 붕괴의 후폭풍으로 폭락을 맞으며 결국 5년 투자한 수익률이 −39.85%이었습니다.

그렇다면 영수가 5년을 더 버틴 후는 어땠을까요? 안타깝게도 어느 정도 원금회복을 하고 수익을 낸다고 생각할 2008년 무렵 시작된 금융위기로 인해 또다시 폭락을 얻어맞게 됩니다.

1998년 2월에 투자를 시작한 가장 박복한 영수의 주가곡선 출처 : 트레이딩뷰

373분의 1 확률에 걸린 최고의 불운아로 보이는 영수. 하지만 만약에 영수가 건물주의 마음으로 여유자금을 굴리는 장기 배당투자자라면, 세상에서 제일 쓸데없는 걱정이 영수 걱정일지도 모릅니다. 참 길고 긴 박스권을 넘어서, 마침내 2013년 영수조차도 수익창출에 성공합니다.

15년이 지나서야 수익이 난다니, 너무 오래 걸린다고요? 그렇다면 다음 그래프를 통해 영수가 매년 받은 배당금을 보겠습니다.

초강대국 미국도 가끔씩 주가가 폭락할 때가 있지만, 그럼에도 불구하고 배당금의 안정성과 성장성은 놀라울 정도로 기복이 적은 것을 볼 수 있습니다.

SPY에 투자한 영수의 1주당 연배당금

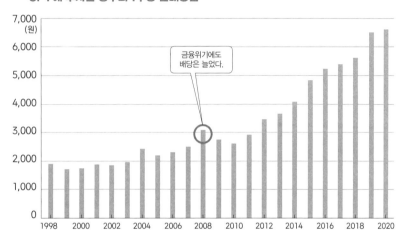

따라서 만약에 영수가 건물주의 마음으로 뛰어든 장기 배당투자자라면, 비록 주가가 폭락해도 꾸준히 상승하는 배당금에 미소지었을지도 모릅니다.

적립식 투자의 환상

아무리 투자 기간을 늘리면 안전하다 해도 인간인 이상 이따금씩 찾아오는 금융위기를 예측할 수 없기에, 만약 그 직전에 거금을 투입했다면 폭락을 얻어맞아 끔찍할 것입니다. 그리하여 이를 보완할 수 있는 적립식 투자가 대안으로 제시되고 있습니다.

그렇다면 이번에는 5년간 조금씩 조심스레 적립식으로 투자하는 것과 5년간 거치식으로 투자금을 묶어두었을 때를 비교해보겠습니다.

5년간 일정 금액 적립식 투자 시 수익률

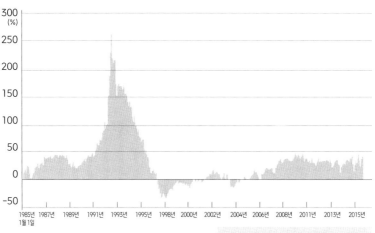

수익확률 82.57% 기대수익률 34.15%

5년간 거치식 vs 일정 금액 적립식 수익률 비교

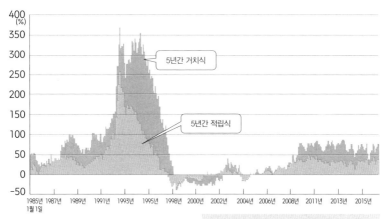

거치식 수익확률 82.57% 기대수익률 73.05%
적립식 수익확률 82.57% 기대수익률 34.15%

첫 번째 그래프에서 가로축은 '투자를 시작한 날짜'이고, 막대는 '매월 일정 금액을 적립식으로 투자했을 때 5년 후의 수익률'입니다. 그래프의 전체적인 모양에서 알 수 있듯이 수익확률이 올라가기는커녕 앞서 본 5년간 인덱스펀드에 돈뭉치를 던져놓았을 때와 똑같네요. 심지어 기대수익률은 73.05%에서 34.15%로 약 39%나 폭락했습니다.

더 확실한 비교를 위해 두 개의 그래프를 겹쳐보았습니다. 그것이 두 번째 그래프입니다. 이렇게 겹쳐놓으니 확연히 비교가 됩니다. 회색의 그래프가 적립식 투자의 수익률로, 적립식 투자를 한다고 수익확률이 올라간 것도 아니고, 심지어 기대수익률은 상대가 되지 않을 정도로 하락했습니다.

그래도 적립식 투자에 대한 미련이 남은 분들을 위해, 이번에는 일정 금액이 아닌 한 주씩 적립하는 방식으로 비교실험을 해보겠습니다 124쪽 그래프 참조. 이런 방식은 증시가 좋을 때는 투자금액을 늘리고, 증시가 나쁠 때는 투자금액을 줄일 수 있기 때문에 합리적인 전략이라 생각될 수도 있습니다.

하지만 한 주씩 적립하는 투자전략의 기대수익률은 오히려 줄어들어 26.28%입니다. 거치식 즉, 몰빵식 투자전략의 기대수익률인 73.05%와는 비교하기가 민망할 수준이고 일정금액 적립식 투자보다도 기대수익률은 약 8% 하락합니다.

이와 같은 결론이 다소 혼란스러운 분들이 있을 수 있습니다. 적립식 투자는 깨작깨작 소액을 넣으니 기대수익률은 많이 적을 거라 예상했다 쳐도 수익확률마저 거치식과 비슷하다니 말이지요. 하지만 통계

5년간 거치식 vs 1주씩 적립식 수익률 비교

수익확률 81.23% 기대수익률 26.28%

> ### 5년 투자성과

· 몰빵식 투자 : 수익확률 82.57% 기대수익률 73.05%

· 적립식 투자 : 수익확률 82.57% 기대수익률 34.15%

· 한 주씩 투자 : 수익확률 81.23% 기대수익률 26.28%

는 원칙만 지키면 몰빵식 투자가 적립식 투자보다 위험하지도 않고 기대수익률도 높다고 말해줍니다. 단 절대적으로 지켜야 할 원칙 두 가지는 다음과 같습니다.

> ### 몰빵식 투자 시 지켜야 할 원칙

· 개별주식이 아닌 인덱스펀드에 투자할 것

· 장기투자할 것

※ 사실 대부분의 투자자는 살다 보면 여유자금이 생겨서 추가로 불입하게 되는 적립식 투자자일 수밖에 없습니다. 저는 적립식 투자를 하지 말라고 말하는 것이 절대 아닙니다. 다만 현재 이미 충분한 여유자금이 있는데도 안정성을 위하여 장기간 쪼개서 투자할 생각이라면, 예상과는 다른 결과를 가져올 수 있다는 가능성을 환기하고자 했습니다.

다시 처음으로 돌아가 보겠습니다. 장기 배당투자자에게 폭락장은 어떤 의미일까요? 『워런 버핏의 주주서한』이라는 책에 소개된 워런 버핏의 명언을 봅시다.

"당신이 평생 햄버거를 먹을 생각이고 소를 키우지 않는다면, 소고기 값이 올라가기를 바랍니까, 내려가기를 바랍니까?"

평생 인덱스펀드를 매집할 생각인데 주가가 하늘 높이 날아가버리면 똑같은 돈을 주고도 매집할 수 있는 주

업은 윷놀이말의 무서움

식수가 줄어들어서 아쉽습니다. 반대로 주가가 횡보하거나 폭락하는 시기는 윷놀이 말을 업는 것처럼, 돈을 업고 또 업는 절호의 기회가 됩니다. 주가가 회복하는 순간 수없이 '업은 말들'은 한꺼번에 달려나갑니다. 장기 배당투자자에게 폭락은 또 다른 기회인 것입니다.

만약 1년 동안 주가가 반토막이 나있는 상황이라면 이는 어찌 보면 하늘에서 천사가 내려와서 이렇게 말하는 상황과 비슷할지도 모릅니다.

"앞으로 1년 동안 주식을 반값에 구매할 수 있는 폭탄세일을 하겠다. 이 기회가 끝나기 전에 많이많이 사놓거라."

6

그래도 주가흐름 투자에 미련이 남는다면
feat. 철수의 복수전

배당주에 장기투자하는 것의 힘을 보여드렸습니다만, 아직도 주가흐름에 맞춰 투자하는 것이 큰 수익을 손에 쥘 수 있을 것 같은가요? 그럼 이렇게 가정해봅시다.

앞서 타고난 분석력으로 경제위기의 최저점을 정확하게 예측해놓고도 영수에게 패배한 철수는 분노를 참지 못하고 지리산으로 들어가 뼈를 깎는 수련을 거듭합니다.

산신령의 신내림을 받은 철수는 이제 역사적인 저점뿐만 아니라 고점까지도 정확히 예측할 수 있는 접신의 경지에 오릅니다. 복수전을 위해 타임머신을 타고 과거로 돌아가서, 1993년의 영수에게 다시 한 번 투자 대결을 청합니다. 환율은 36쪽에서 소개한 '한국형 통계자료'를 근거로 계산했습니다.

영수는 이번에도 역시 매달 초 100만원씩 아무 생각 없이 주식을 매입합니다. 반면 철수는 매달 100만원씩 모으다가 저점이 오면 풀매수하고, 고점이 오면 풀매도를 합니다.

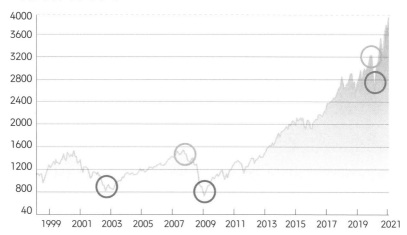

S&P500지수의 추이

환율까지 고려한 세 번의 저점2002년 9월, 2009년 3월, 2020년 3월과 두 번
의 고점2008년 5월, 2020년 1월을 정확히 예측한 철수. 역사적인 저점과 고
점을 합해 총 다섯 번을 날짜까지 정확히 예측한 사람은 전 세계에서
철수가 유일할지도 모릅니다.

그 위대한 일을 해낸 철수는 기대에 부푼 마음으로 2021년 1월에
영수와 동시에 계좌를 열어봅니다.

> **28년간 저점 풀매수, 고점 풀매도 반복하며 총 3억 3,600만원 투입한 철수**
· 평가자산 : 13억 2,510만 7,682원 · 배당자산 : 1억 4,207만 1,157원
· 계좌잔고 : 14억 6,717만 8,839원

> **28년간 아무 생각 없이 매달 100만원씩 총 3억 3,600만원 투입한 영수**
· 평가자산 : 12억 4,762만 1,973원   · 배당자산 : 1억 9,751만 7,259원
· 계좌잔고 : 14억 4,513만 9,232원

다행히 이번에는 철수가 약 14억 6,000만원으로 영수의 약 14억 4,000
만원보다 약 1.5% 높은 수익률로 승리를 거둡니다. 하지만 철수는 이
걸 승리라고 할 수 있을지 당혹스럽습니다.

심지어 위 계산은 세금을 반영하지 않은 상태이기 때문에 세금까
지 반영할 경우, 여러 번 매수와 매도를 반복한 철수는 많은 세금을 낼
테니 사실상 패배라고 봐도 무방하네요.

철수는 신기神氣에 가까운 능력으로 매일매일 전 세계의 경제뉴스
를 확인하며 아무도 못 해낼 예측에 성공했으니, 최소 2~3배는 앞서리
라고 생각했는데 결과는 참담합니다.

결국 철수는 앞으로 시장 타이밍을 예측하는 것을 포기하고 영수
와 사이좋게 인덱스펀드를 하기로 마음먹었습니다.

[잠깐] 단타? 가능해?

이론상 매번 주가가 쌀 때 사고 비쌀 때 파는 것을 무한히 반복하면 분명 부자가 될 수 있겠지요. 하지만 그게 불가능하다는 것은 지나가는 사람 아무나 잡고 물어봐도 알 수 있는 이야기입니다.

단타에 도가 텄다는 사람들도 대부분 막상 저점이 오면 그때가 바닥인지 모릅니다. 또한 고점이 오면 그때가 천장인지 모릅니다. 한참 지나고 나서야 그래프상으로 분석하면서 "아, 저 때가 딱 봐도 저점이네", "아, 저 때 팔았어야 되네"라고 깨달을 뿐이죠.

2021년에 보는 2020년의 저점

지나면 비로소 보이는 것들

여기에서는 재미 삼아 제 소셜미디어 채팅창을 공개합니다. 친한 친구 사이라 대화가 다소 경박해 보이는 점 양해 바랍니다.

2020년 3월 23일 주가지수가 바닥 찍고 반등 중일 때(feat. 저점 예측 가능해?)

주식에 관심 많아 공부를 꽤 하는 친구들도 막상 본인이 저점에 속해 있을 때는 그저 자조하거나 후회할 뿐입니다.

지금에서 보면 S&P500이 2020년 3월 23일쯤 최저점을 찍고 올라오는 것이 자연스러워 보이지만, 그 당시에는 저 날 친구들에게 온통 연락이 와서 걱정을 받기도 놀림을 받기도 했습니다.

역시 저점 위에 대놓고 서 있어도 그곳이 저점인지 알기는 매우 어렵나 봅니다. 역으로 고점인 줄 알았던 곳도 먼 훗날 보면 평범한 중간점에 불과합니다.

즉, 단기투자자는 확률적으로 건실한 장기투자자를 이기기 힘듭니다. 장기투자자는 먼 옛날에 이미 단기투자자가 포착한 저점

2021년 주가지수가 많이 올랐을 때(feat. 고점 예측 가능해?)

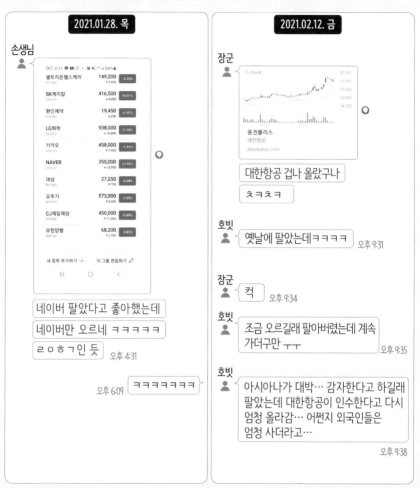

가격보다 훨씬 저렴하게 매수해둔 상태이고, 먼 미래에 단기투자
자가 포착한 고점 가격보다 훨씬 비싸게 매도할 예정이기 때문입
니다.

티끌 모아 태산

여기서는 주가와 무관해 흔히 놓치기 쉬운 비용과 배당의 위력에 대해 알아보려고 합니다. 티끌 모아 태산이라고 작은 비용과 수익도 무시할 것이 못 됩니다.

매매비용

주식을 비관적으로 보는 사람들은 흔히 주식은 제로섬 게임이라고 합니다. 하지만 회사의 성장과 무관한 초단기 투자는 제로섬만도 못한 마이너스섬 게임입니다. 매매비용 때문에 그렇습니다.

여러분들이 이용하는 회사나 프로그램마다 매매비용이 다를 수 있기 때문에 편의상 수수료를 0.1%라 가정하겠습니다. 만약 철수와 영수가 하루종일 서로에게 같은 가격으로 A라는 주식을 1,000번 정도 서로 샀다 팔았다 한다면 어떨까요?

주식 가격은 변함이 없지만 실제로는 매매비용으로 주가의 100%가 녹아 없어졌겠지요. 다시 말해 주식시장 전체를 놓고 보면, 결국 기업의 배당이나 성장 없는 초단기 투자는 수천만 투자자들끼리 조금이라도 많이 가져가려고 싸우는 마이너스섬 게임인 것입니다. 자신의 파이가 줄어들고 있는 줄도 모르고 말이지요.

인덱스펀드의 철학에 공감하고 투자한다면 매매를 할 일이 거의 없으니, 당연히 이런 매매비용도 시세차익 세금도 낼 일이 없을 것입니다.저는 2020년에도 매도를 한 적이 없어서 양도소득세 0원입니다.

운용비용

매매비용 말고도 '수익을 녹여버리는 티끌'이 또 있습니다. 바로 운용비용입니다. 예전에 제가 펀드에 관심이 있을 때는 사실 운용비용에 큰 관심이 없었습니다. 운용비용이 연간 1%라고 들어도 어차피 큰돈 벌어다 주는데, 그중에 1% 떼는 건 별거 아니라고 생각했습니다.

하지만 연 1%는 절대 작은 금액이 아닙니다. 특히 장기투자화될수록 운용비용으로 새어나가는 규모는 더 커져 어마무시해집니다.

다음 그림을 볼까요? 얼핏 생각하면 둘 다 운용비용은 그렇게 크지 않게 느껴집니다. 하지만 연 1.5%의 운용비용은 투자가 장기화되었

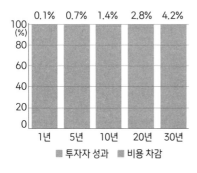

운용비용 0.15%의 누적비용

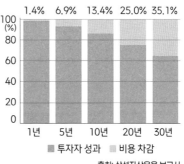

운용비용 1.5%의 누적비용

출처: 삼성자산운용 보고서

을 때, 나의 자산을 35.1%나 녹여버린다는 것을 볼 수 있습니다.참고로 VTI의 연 운용비용은 0.03%입니다.

아시다시피 인덱스펀드는 자산운용사에서 별로 수고할 것이 없습니다. 그냥 기업들을 시장 비율대로 사서 가만히 가지고만 있으면 되니까요. 그러니 당연히 복잡하고 기교가 들어가는 다른 펀드에 비해 운용비용이 훨씬 더 저렴합니다.

배당

이번에는 '수익을 불려주는 티끌'에 대해서 알아봅시다. 바로 배당입니다. 방금 전 연 1%의 비용이 장기적으로 얼마나 큰 차이를 만들어내는지를 실감한 분이라면, 반대로 연 2%의 배당이 얼마나 큰 차이를 만들어낼지도 예상이 가능할 것입니다.

많은 사람들이 S&P500지수의 그래프를 보고 그 우상향 곡선에 감탄합니다. 더 놀라운 것은 그 그래프는 매년 약 2%의 배당금이 포함되지 않은 상태라는 점입니다. 따라서 배당금을 재투자했을 때 실제 수익곡선은 훨씬 더 가파른 우상향을 그립니다.

만약 1994년 1월에 SPY에 1만 달러를 넣었다면 2021년 1월에는 약 7만 9,000달러가 되고, 배당금까지 재투자했을 경우에는 약 13만 1,000달러가 되는 것입니다.

간혹 배당금을 높은 비율로 떼어가는 ETF도 있습니다. 하지만 그런 경우에도 배당은 주가 그래프에 반영되지 않기 때문에 그래프만 집중해서 보는 투자자분들은 종종 배당에 대해서 간과하게 됩니다.

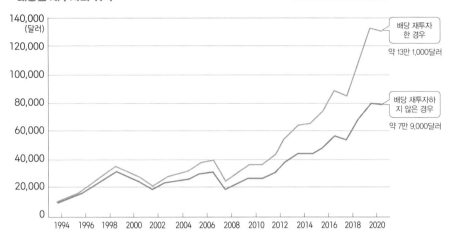

배당금 재투자의 위력

출처 : 포트폴리오 비주얼라이저

- 배당 재투자 한 경우: 약 13만 1,000달러
- 배당 재투자하지 않은 경우: 약 7만 9,000달러

1~2%의 배당도 장기적으로는 큰 수익률의 차이를 만들어낸다는 사실을 기억해야 합니다.

인덱스펀드는 배당도 정직합니다. 끌어안은 기업들이 매년 뿜어내는 배당을 대부분 온전히 투자자에게 돌려줍니다.

[잠깐] 10년이 지나도 먹히는 투자의 상식

펀드투자자는 그 펀드가 수익을 내든 손실을 내든 무조건 운용비용을 내야 합니다. 즉 펀드투자자는 손실을 볼 수도 있지만 펀드업계는 항상 수익을 냅니다.

다음 그림의 대화는 세계 금융시장의 중심지 월스트리트의 부조리를 비꼰 것으로 유명합니다.

존 보글은 높은 수수료를 받으며 투자자를 착취하는 펀드업계를 비판했으며, 한 평생을 투자자의 이익을 극대화하기 위해 노력했습니다. 그의 발명품인 인덱스펀드 역시 그런 노력의 산물입니다. 이러한 부조리에 반하여 최대한 저렴한 수수료로 투자자의 부담을 최소화했는데 수익률마저 대부분의 펀드보다 좋았으니, 존 보글은 그야말로 투자 민주화의 선구자라고 볼 수 있습니다. 이러한 철학과 인품 덕분에 그는 아직까지도 '월스트리트의 성인'으로 추앙받고 있습니다.

월스트리트의 성인 존 보글과 인덱스펀드

얼굴 한 번 본 적 없지만, 저는 그를 스승으로 받들고 존경합니다. 결코 인품 때문만은 아닙니다. 투자자 입장에서는 착한 펀드매니저 100명보다 유능한 펀드매니저 한 명이 훨씬 필요하니까요. 즉 그를 존경하는 이유는 인품을 뛰어넘는 높은 학술적 경지 덕분입니다.

일반적인 투자서들은 대체로 그 저자만의 고유의 노하우와 기술이 집약되어 있기 때문에 반론의 여지도 얼마든지 있을 수 있습니다. 하지만 존 보글의 책은 내용이 지극히 상식적이고 수학적, 통계적인 빈틈이 없이 아귀가 완벽하게 들어맞습니다.

그는 인덱스펀드의 탁월함을 방대한 데이터로 증명한 『뮤추얼 펀드 상식』이라는 책을 썼는데, 그로부터 10년 뒤에 나온 10주년 개정판의 본문도 아닌 서문을 읽자마자 저는 큰 충격을 받았습니다. 그 내용을 그대로 옮기면 다음과 같습니다.

"개정판을 내면서 나는 초판의 단어 하나도 바꾸지 않는 대신, 방대한 데이터를 업데이트하고 그 이후에 전개되었던 중요한 사항들에 대해 논평했다."

만약 여러분이 서재에 꽂혀 있는 10년 전 주식투자서를 지금 읽어본다면 격세지감을 느낄 만큼 요즘 트렌드와 다를 것입니다. 그런데 인덱스펀드의 위력은 10년이 지나도 책 한 글자도 바꿀 필요 없을 만큼 변치 않았다니 그 탁월함을 실감했습니다.

10년이 지나고 20년이 지났을 때 지금 우리가 예상치 못한 온갖 첨단기술과 기업이 난무할 수 있습니다. 그래도 그 기술이나 기업은 결국 시장 평균을 구성하는 하나의 요소일 뿐이고 결과적으로 인덱스펀드 손바닥 안에 있습니다.

다시 말해 10년이 지나도 토씨 하나 바꿀 필요 없었던 존 보글의 책처럼, 인덱스펀드의 위력은 시간이 지나도 변치 않을 것입니다.

최상급의 안정성을 가지고 장기적으로 우상향하는 성장성을 보여주어 마음 놓고 돈뭉치를 던져넣을 수 있게 하는 '저축 유발력'. 저는 이것이야말로 인덱스펀드 투자를 해본 사람만 느낄 수 있는 인덱스펀드만의 초강력 무기라고 생각합니다.

PART 4

걱정 말기
인덱스펀드 앞에서
걱정 말아요, 그대

인덱스펀드의 숨은 필살기

그래도 더 빨리 더 큰 수익을 올리고 싶은가요? 인덱스펀드로도 충분히 가능합니다. 사실 인덱스펀드의 특장점 중 하나는 바로 '저축 유발력'입니다.

종잣돈을 키우는 저축 유발력

여러분이 급등주에 투자하고 있다고 가정해보겠습니다. 일반적으로 급등주가 급등하면 가격이 부담되어 선뜻 추가매수를 하기 어려워집니다. 반대로 급락해도 어디까지 떨어질지 몰라서 선뜻 추가매수를 하기 어렵습니다. 때문에 투자금이 커지기가 쉽지 않습니다. 사실 본질적으로 수익률보다 중요한 건 수익액이고, 수익액은 씨드머니가 커져야 쉽게 불어나는데 말이지요.

　앞서 제가 인덱스펀드를 일종의 예금이라 했던 것 기억나나요?

　네, 그렇습니다. 인덱스펀드는 단기적으로는 마이너스 이자를 줄 때도 있지만, 장기적으로는 매년 평균 10%의 이자를 주는 훌륭한 변동금리 예금이라 비유했지요. 오르나 떨어지나 안정적이므로 마음 놓고 여윳돈뭉치를 던져넣을 수 있습니다. 이를 저는 저축 유발력이라고 표현하는데 이는 투자에서 굉장히 중요한 요소입니다.

134쪽에서 1994년 1월 SPY에 1만 달러를 넣었다고 하면 2021년 1월에 13만 1,000달러가 됐을 거라고 이야기했습니다. 이는 추가 불입을 하지 않았을 때의 이야기입니다. 즉 여윳돈이 생길 때마다 추가로 뭉칫돈을 던져넣는다면 SPY 계좌의 잔고는 눈덩이 굴러가듯이 엄청나게 빠르게 불어납니다.

매달 500달러씩만 추가 불입한다면 2021년 1월에는 약 83만 6,000달러로 불어납니다. 1만 달러만 넣어뒀을 때의 수익액인 13만 1,000달러보다 6배가 넘는 금액입니다. 당연히 더 큰 금액을 매달 적금하듯 불입하면 수익액은 훨씬 높아지겠지요.

매달 500달러라는 추가 투자금액 자체가 크니 이러한 단순비교가 말이 안된다고 느낄 수 있겠지만 부담 없이 여력이 되는 만큼 틈틈이

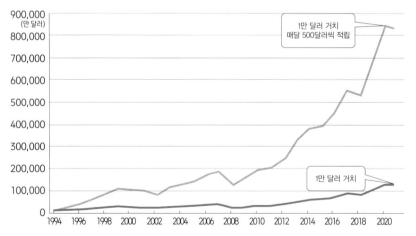

S&P500지수 적립의 위력

출처 : 포트폴리오 비주얼라이저

넣는 것만으로도 미래의 부는 판이하게 달라질 수 있다는 것을 강조하기 위한 비교임을 이해해주십시오. 이를 위해서는 그만큼 투자상품의 안정성과 성장성, 두 가지가 철저히 담보되어야 하겠지요.

비록 단기적인 하락과 횡보는 있을 수 있지만 최상급의 안정성을 가지고 장기적으로는 우상향하는 성장성을 보여주는 인덱스펀드. 그리하여 마음 놓고 돈뭉치를 던져넣을 수 있게 하는 저축 유발력. 저는 이것이야말로 인덱스펀드 투자를 해본 사람만 느낄 수 있는 인덱스펀드만의 초강력 무기라고 생각합니다.

부동산 vs 주식 ①
feat. 주식에 대한 변호

우리나라에서 주식은 종종 이중잣대로 평가되는 경향이 있습니다. 어떤 사람이 10억원에 산 아파트가 15억원이 되었다며 벌써 수익률이 50%라며 자랑하면 주변 사람들은 진심으로 부러워합니다. 하지만 어떤 사람이 수익률 50%를 기록한 주식계좌를 자랑하면 어떨까요?

"에이, 팔아서 현금화하기 전까지는 진정한 수익이 아니지"라고 합니다. 또한 저희 치과의사 친구들 사이에서는 이런 이야기를 하기도 합니다. "젊어서부터 부동산 투자하던 사람들은 은퇴준비를 하는데, 주식투자하던 사람들은 결국에는 망하고 다시 개원 준비한다."

이런 말들이 나오는 이유는 주식은 변동성이 심하고, 팔기 전에는 나한테 돌아오는 게 없으며, 설령 팔아서 수익을 내더라도 일회성이라는 인식 때문일 것입니다.

변동성이 심하니까 팔기 전까지는 수중에 얼마가 떨어질지 모르는 것이고, 들고만 있어서는 부동산처럼 월세가 나오는 것도 아니니 어쩔 수 없이 일은 계속해야 된다는 것이지요.

그런데 만약 주식이 변동성이 적고 안정적이며, 가지고만 있어도 나에게 꾸준한 배당수익을 안겨준다면요?

저는 부동산이나 주식이나 무엇이든 본인이 좋아하는 분야의 건실한 투자는 좋다고 생각하지만, 주식에 대한 편견이 큰 만큼 여기서는 주식에 대한 변호를 해볼까 합니다. 단 제가 말하는 주식은 개별주식이 아니라 전체 시장지수를 추종하는 인덱스펀드를 뜻합니다.

미국 주식시장의 장기적 우상향에 대해서는 대부분의 사람들이 납득하지만, 코스피시장은 박스피 혹은 도박장 등과 같이 조롱의 대상이 되는 경우가 많습니다. 그래서 이번에는 일부러 그 말도 많고 탈도 많다는 코스피에 대한 자료를 준비했습니다.

삼성자산운용 펀드솔루션에서 낸 분석을 보면, 장기적으로 봤을 때는 코스피지수가 다른 자산에 비해 훨씬 더 우수한 수익률을 보이는 것을 알 수 있습니다.

코스피지수와 아파트 매매가격 지수 비교 출처 : 삼성자산운용 펀드솔루션

코스피지수는 1986년 대비 2018년 15.4배가 되어 연평균 수익률 8.9%를 기록합니다. 반면 강남 아파트 매매가격은 6배가 되었고 연평균 수익률은 5.8%입니다. 수익률이 이렇게 차이가 나는데도 코스피보다 강남 아파트로 부자가 된 사람이 더 많다는 것은 초기투자금과 보유 기간이 달라서라고 말할 수밖에 없겠지요.

1986년부터 강남 아파트를 사서 현재까지 가지고 있는 사람을 찾기는 쉽지만, 코스피지수 주식을 1986년에 사서 지금까지 가지고 있는 사람은 거의 없을 것입니다. 즉 코스피지수는 계속 올랐지만 중간에 주인이 계속 바뀌었다는 말이지요.

또한 강남 아파트를 살 수 있는 거금을 코스피지수에 집어넣었을 사람 역시 거의 없을 것입니다. 그래프를 보면 확실히 고액의 자산가들이 선호하는 안정적인 곡선이 아닙니다.

하지만 미국 주식시장 전체에 투자하는 VTI는 어떨까요? 미국이라는 나라의 덩치에서 비롯되는 방어력에 주식시장에 폭락위기가 오면 대체로 급등하는 환율로 인한 방어 효과까지 나타나서 기본적으로 안정성이 보장됩니다.

다음의 그래프에서 보듯이 1997년 외환위기, 2000년 IT 버블 붕괴, 2008년 금융위기 등 우리나라나 미국의 주식시장에 큰 위기가 닥칠 때마다 환율은 급등했습니다.

이 덕분에 미국 주식에 투자하는 한국인은 정작 미국인들은 경험할 수 없는 '환율방어' 효과를 누리게 됩니다. 단순한 수치로 예를 들어 보겠습니다.

원달러 환율이 1,000원일 때 미국 주식을 100달러어치 샀다고 하죠. 이 주식의 가치를 원화로 환산하면 10만원입니다. 그러다 경제위기가 닥쳐 미국 주식이 20% 폭락했다고 하죠. 주식의 가치도 80달러로 떨어진 것은 물론입니다.

그런데 이것은 미국인의 경우입니다. 한국인의 경우는 주식시장의 위기로 환율이 20% 올라 원화로 환산한 주식의 가치는 9만 6,000원80달러×1,200원으로 4%의 손실만 보는 선에서 방어됩니다.

미국 투자를 예찬하는 사람들 중에는 2010년부터 지금까지의 10년간 그래프만 보면서, 미국 주식시장은 탄탄하게 우상향한다고 말하는 이들이 많습니다. 사실 미국 주식시장은 2008년에 글로벌 금융위기라는 대폭락을 맞고, 무려 5년이나 지난 2013년 2월에서야 고점을 회복합니다. 하지만 다행히도 환율방어 효과 덕분에 원화로 환산한 주가는 2~3년 만인 2010년 12월에 고점을 회복합니다.

역대 원달러 환율

저는 이런 대폭락장을 같이 소개해야 한국인 입장에서 느끼는 진정한 미국 주식시장의 맷집을 설명할 수 있다고 봅니다. 글로벌 금융위기로 미국인 입장에서는 2008년 전후로 최대 손실낙폭이 약 57%에 이릅니다. 하지만 환율이 반영된 VTI의 주가 추이 그래프를 보면 한국인의 입장에서는 치솟은 환율로 인해 약 27% 하락 정도로 그치는 것이지요.

미국인 입장의 약 57%의 손실보다야 작지만 27%의 낙폭과 2~3년이라는 회복기간이 혹시 위험하게 느껴지나요? 그렇다면 많은 사람들의 머릿속에 상징적인 안정자산으로 자리잡고 있는 강남의 은마아파트 시세와 비교해보겠습니다.

같은 시점의 2008년 금융위기 무렵, 강남 은마아파트는 1년여 만에 30~40%선까지 폭락했습니다. 또한 고점을 회복하는 데는 10년에 가까운 시간이 걸렸습니다. VTI가 27%가 빠지고 고점 회복에 2~3년이 걸린 것에 비해 폭락 비율도 크고 회복 기간도 서너 배에 가깝습니다.

환율이 반영된 VTI의 주가   출처 : 트레이딩 뷰

강남 은마아파트 가격변동 추이

출처 : 한국일보

금융위기로 인한
30~40% 폭락

고점 회복

모든 자산의 가치가 하락할 때도 미국 전체 시장에 투자하는 인덱스펀
드의 방어력은 상당합니다. 개별주식은 위험하고 쉽사리 손대기도 어
렵습니다. 하지만 잘 선정한 인덱스펀드는 부동산보다 나은 안정성과
수익률을 가져다줄 수도 있습니다.

[잠깐] 주식투자는 패가망신의 지름길?

"주식투자는 패가망신의 지름길"이라는 말은 들을 때마다 속이 답답하고 넘어서기 힘든 사회적 편견입니다.

주식은 사실 별거 아닙니다. 단지 회사의 지분을 사는 것, 즉 회사의 주주가 되는 것입니다. 사회적 양극화, 빈부격차를 해소할 수 있는 가장 간단한 방법 중의 하나가 주식투자입니다.

기업은 주식을 매도함으로써 지분을 내놓고, 노동자는 주식을 매수함으로써 기업의 주인이 될 수 있으니, 조선시대만 해도 꿈도 꿀 수 없었던 훌륭한 부의 재분배 수단입니다.

즉 주식 자체는 아무 잘못이 없습니다. 다만 이러한 좋은 수단인 주식을 제대로 알아보지도 않고 산다든지, 잠시도 보유하지 못하고 조바심에 바로 팔아버린다든지, 주객이 전도되어 주식의 노예가 되는 등 제대로 활용하지 못하는 것이 문제입니다.

제대로 된 주식투자는 자수성가의 밑거름이 됩니다. '올바르지 못한 주식투자'가 패가망신의 지름길인 것이지요.

부동산 vs 주식 ②
feat. 벼락거지

벼락거지 : 자신의 소득에 별다른 변화가 없었음에도 부동산과 주식 등의 자산가격이 급격히 올라 상대적으로 빈곤해진 사람을 자조적으로 가리키는 신조어이다. 월급만 모으고 재테크를 하지 않았던 사람들이 하루아침에 거지로 전락하듯 뒤처진 것 같은 상대적 박탈감을 느끼는 것이다.네이버 시사상식사전, 박문각

비트코인, 주식, 부동산 등 수많은 자산이 폭등하면서 요즘 들어 부쩍 벼락거지라는 단어가 많이 들립니다. 백 번 양보해서 비트코인이나 주식은 폭등해도 실생활에 미치는 영향이 적지만 부동산, 특히 아파트값이 폭등하면 많은 사람들이 괴롭습니다.

요즘은 유독 부동산 카페에 부부싸움 글이 많이 보입니다. 어떤 집은 배우자 뜻대로 집을 안 사고 전세를 살았더니 집값이 폭등하여 싸우고, 어떤 집은 배우자 뜻대로 집을 팔았더니 집값이 폭등하여 싸웠다고 합니다.

예상보다 구원의 밧줄은 가까이 있다
그렇다면 과연 최근에 아파트값이 얼마나 올랐는지 한 번 보겠습니다.

기간 선정의 기준은 19대 대통령 취임 무렵인 2017년 5월 8일부터 2021년 4월 5일까지입니다. 정치적인 의도는 전혀 없음을 미리 말씀드립니다. 단지 부동산 가격은 정부 정책의 영향을 많이 받으며, 최근 들어서 집값이 많이 올랐다는 인식이 많기에 객관적인 결과를 보여드리기 위해 위 기간을 선정했습니다.

　서울 전체 아파트값은 최근 4년간 평균 45.9% 상승했습니다. 그렇다면 이러한 자산 상승장에서 벼락거지를 모면하려면 울며 겨자 먹기로 바쁜 시간을 쪼개서 부동산 투자공부에 매달려야 할까요?

　예상보다 가까운 곳에 구원의 밧줄이 있을 수 있습니다. 같은 기간 미국 인덱스펀드의 상승률을 같이 비교해 봅시다.

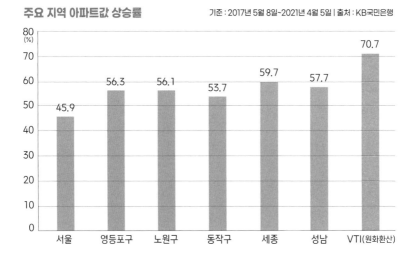

주요 지역 아파트값 상승률　　기준 : 2017년 5월 8일~2021년 4월 5일 | 출처 : KB국민은행

앞에서 설명했듯이 VTI는 하락장에서도 부동산 수준의 방어력을 보여주었지요148쪽 참조. 그런데 상승장에서는 부동산 자산 이상의 상승력을 보여줍니다. 주요 지역 아파트값이 상승할 때 VTI도 70.7% 상승

한 것이지요.

같은 기간에 코스피도 36.1% 상승합니다. 비록 VTI만큼은 아니지만 결코 벼락거지가 되었다고 할 수준은 아닙니다. 게다가 매년 2% 가량씩 지급되는 배당금까지 합하면 실질적인 상승률은 서울 아파트 값 상승률인 45.9%에 버금갑니다. 주식은 아파트처럼 취등록세 및 보유세를 내지 않는 것을 고려하면 실질 상승률은 더 높을지도 모릅니다.

인덱스펀드를 잘 활용하면 아마 전국의 부부싸움도 줄어들 수 있지 않을까 하는 희망회로를 돌려봅니다. 집 없는 사람도 내가 모으고 있는 돈이 부동산 상승률만큼 오르니 덜 초조할 수 있습니다. 또한 집을 너무 일찍 팔아버린 사람도 그 돈을 인덱스펀드에 넣어두면 늦게 판 사람에 버금가는 수익을 누릴 수 있을 것입니다.

벼락거지는 투자를 아예 하지 않는 사람에게 해당되는 말입니다. 욕심을 버리고 최대한 안전하게 투자금을 굴려도 벼락거지는 면할 수 있습니다. 어차피 투자는 누구나 평생 해야 하고, 아마도 인덱스펀드는 벼락거지를 면하기 위한 가장 간단한 방법 중 하나일 것입니다.

주가가 지지부진할 때

시세차익을 목표로 하는 주식투자자에게 지지부진한 횡보장은 따분한 지옥입니다. 하지만 장기투자자, 배당투자자에게는 횡보장이 마냥 나쁘지는 않습니다.

예를 들어 앞서 본 강남 은마아파트의 가격변동 추이 그래프149쪽를 상가건물의 가격변동 추이 그래프라고 생각해봅시다. 여러분이 현금부자인 건물주이고 추가로 건물을 살 예정이라고 한다면, 그래프와 같은 10년 이상의 횡보장을 보면 어떤 느낌이 들까요? 아마도 10년간 상가를 저렴하게 싹싹 긁어모을 기회라고 생각하지 않을까요?

월세를 중시하는 건물주는 시세차익 투자자들과는 보는 눈이 다릅니다. 본인의 상가건물 가격이 올라가는 것보다 상가를 하나하나 수집해가면서 몇 배씩 늘어나는 월세통장을 볼 때 훨씬 기뻐합니다. 장기 배당투자자도 마찬가지입니다.

나만의 루틴

주가상승을 통해서 성취감을 느끼던 투자자는 인덱스펀드에 투자했을

	2019년 9월 25일	2019년 10월 25일	2019년 11월 25일	2019년 12월 25일	2020년 1월 25일	2020년 2월 25일
VTI 보유량	A	B	C	D	E	F
주당 배당금 (3개월 평균)	a	b	c	d	e	f
배당금 총액 (3개월 평균)	A × a	B × b	C × c	D × d	E × e	F × f

※ 저는 월급이 들어올 때만 매매를 하므로 한 달에 한 번씩만 기록합니다. 또한 실제 VTI는 3개월에 한 번 배당을 하므로, 월세처럼 환산을 하기 위해 3개월의 평균치를 계산해서 기록합니다.

때, 주가가 하락하거나 횡보하면 견디기 힘듭니다. 금방 성과가 나타나지 않아 지루해하기도 합니다. 때문에 횡보장에서는 성취감을 느낄 수 있는 나만의 루틴이 필요합니다.

저는 저만의 기록장에 매달 늘어가는 VTI 보유량을 기록합니다. 주가가 아무리 변해도 제가 가진 주식수는 변하지 않고 늘어가는 모습을 보면 뿌듯합니다. 또한 주가변동에도 거의 변하지 않는 배당금도 함께 기록합니다. 월세처럼 창출되는 현금흐름을 기록을 통해 실감할 수 있습니다. 미국 주식시장 역사상 큰 폭으로 배당을 삭감한 적은 손가락에 꼽을 정도일 만큼 배당금은 안정적인 모습입니다.

이것이 지지부진한 주가를 이기는 저만의 루틴입니다. 저는 주가가 하락하든 횡보하든 상관없이 쑥쑥 늘어가는 VTI 주식수와 배당금을 보면서 오늘도 성취감을 느끼며 투자하고 있습니다.

저와 다른 방법이어도 괜찮습니다. 여러분도 투자라는 긴 마라톤을 견디는 나만의 루틴을 만들길 바랍니다.

환율? No 걱정

저처럼 미국 주식시장에 투자하는 분들은 환율에 민감할 수밖에 없을 것입니다. 1985년부터 지금까지의 원달러 환율을 나타내는 그래프만 봐도 타이밍 잘못 걸리면 엄청난 환손실이 발생할 것 같은 불안감이 듭니다.

그런데 환율을 예측해서 투자할 수 있을까요? 수많은 국가 간에 무한대의 변수가 맞물리는 환율의 정확한 예측은 전문가들조차 불가

역대 원달러 환율 추이

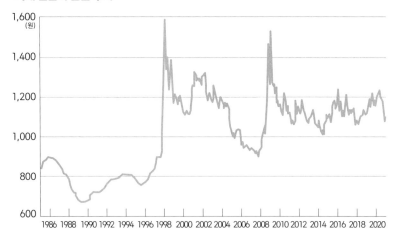

능합니다. 다행인 것은 일반적으로 정상적인 상황의 국가 간 환율은 일정한 범위를 유지한다는 점입니다. 또한 단기적인 환율은 예측이 불가능하지만 장기적으로는 결국 균형을 찾아간다는 사실입니다. 즉, 큰 흐름으로 길게 보면 환율의 일시적 변동에 크게 스트레스 받을 이유가 없습니다.

투자자의 입장에서 생각해봅시다. 환율이 올라가면 나의 주식평가액과 배당액이 늘어서 좋고, 환율이 떨어지면 싼값에 주식을 추가로 매입할 수 있어서 좋습니다.

얼핏 생각하면 이러한 환율변동이 자산의 안정성을 떨어뜨릴 것 같지만 그렇지 않습니다. 미국의 주식이 폭락하면 위기감을 느낀 사람들이 안전자산인 달러를 찾으며 환율이 올라갑니다. 때문에 환율변동은 미국 투자자산의 변동성을 오히려 줄여주는 경향이 있습니다.

환율 비전문가인 제가 이런저런 설명을 늘어놓는 것보다 전문가들의 분석을 소개하는 것이 좋을 듯 싶습니다.

앞서 간단히만 설명하자면 환헤지換hedge란 고정된 환율로 미리 사전계약을 맺는 것이고, 환노출은 환율의 변동에 손을 대지 않고 그냥 두는 것을 말합니다. 환헤지는 수출입 기업의 입장에서는 환율변동 위험을 줄일 수 있다는 장점이 있지만, 일종의 금융상품이자 계약이기 때문에 비용이 어느 정도 들어간다는 단점이 있습니다.

장기투자 이론의 권위자인 미국 펜실베니아대 제러미 시겔 교수는 장기투자자에게는 환율의 변동이 중요하지 않다고 하며 아래와 같이 말했습니다.

"장기투자자에게는 환헤지가 그다지 중요하지 않다. 주식은 실물 자산이어서 장기수익률이 인플레이션을 보상해주므로 현지국에 인플 레이션이 발생하여 통화가치가 떨어지더라도 손실을 피할 수 있다."

그러나 덧붙인 근거가 다소 추상적이어서 잘 와닿지는 않습니다. 좀더 구체적이고 체계적으로 시행된 연구를 알아봅시다.

한국금융연구원의 임형준 박사는 금융 선진국인 미국, 유럽, 일본, 영국과 금융 신흥시장인 홍콩, 러시아, 브라질, 인도, 말레이시아의 환율과 투자성과 간의 연관성을 분석했습니다. 2000년부터 2009년까지 10년간의 주가 및 환율자료를 바탕으로 한 것입니다.

그 결과 브라질을 제외한 8개국에서 환율의 변화에 무방비 상태 인 '환노출 포트폴리오'의 변동성이 환율을 미리 고정해놓는 '환헤지 포트폴리오'보다 크게 낮았습니다. 즉 환율의 변동이 있는 환노출이 더 안정적이었다는 뜻이지요. 게다가 수익률 측면에서는 브라질까지 포함 한 아홉 개 모든 국가에서 환노출 포트폴리오가 우월했습니다.

그래서일까요? 국민연금공단은 환헤지 중이던 보유 해외주식들을 2018년부터 100% 환노출로 전환했습니다.

국민연금공단은 주식시장의 거대한 큰손입니다. 기관투자자인 그 들이 운영하는 연기금의 규모는 2021년 4월 기준 약 855조원으로 세 계 3위 규모입니다. 국내 웬만한 시중은행과 대기업의 대주주일 정도로 엄청난 영향력을 자랑합니다. 규모가 클 뿐 아니라 자산이 국민들의 노 후문제와도 직결되기 때문에 당연히 그 운영단은 초일류 자산운용가 들로 구성됩니다. 이러한 전문가들이 운영하는 연기금이 해외주식 투자 시 환노출 전략을 선택했다는 사실은 눈여겨볼 필요가 있습니다.

환율에 몸을 맡겨라

그렇다면 정말로 장기투자자의 경우 환율에 몸을 맡기는 것이 수익성과 안정성 면에서 더 좋은지, 제가 보유한 '한국형 통계자료'를 돌려서 5년 투자 기대수익률을 산출해보겠습니다. 환헤지를 완벽하게 하여 달러와 원화의 가치를 정확히 고정시켜버린다는 가정으로 계산했습니다.

1985년부터 2016년까지 아무 달의 첫날을 골라 미국 인덱스펀드에 무작위로 돈뭉치를 던져넣고 5년간 묵혀두었을 때의 수익확률과 기대수익률을 계산한 것입니다.

환율변동에 따른 예상수익률

구분	수익확률	기대수익률
환율 고정 시	77.75%	54.81%
환율 방임 시	82.57%	73.04%

아시다시피 우리나라는 1990년대 전후로 환율 널뛰기가 어마어마했지요. 원달러 환율이 600원대였을 때도 있었고, 1997년 말부터 1998년에 걸친 외환위기 때는 2,000원에 육박하기도 했으니까요. 이런 불안정한 상황을 다 포함해도 수익을 낼 확률은 환율을 방임할 때가 오히려 82.57%로 높았습니다. 이는 환율이 일정할 때의 77.75%보다 5%가량 높은 수치입니다.

또한 기대수익률도 73.04%로 약 18%나 더 높았습니다. 심지어 이 계산에는 배당금이 제외됐으므로 배당까지 포함시키면 환율이 고정되어 있지 않을 때 미국 인덱스펀드로 수익을 낼 확률과 기대수익률은 훨씬 높아질 것입니다.

결론적으로 장기투자자는 환율변동을 염려하지 않고 본인의 투자 페이스를 유지하면 될 것으로 보입니다. 더군다나 환율을 고정한다는 자체가 일종의 금융 계약으로 비용이 발생하기 때문에, 위의 분석보다 실제 수익률은 더 떨어질 테지요.

저는 미국같이 튼튼한 나라 앞에서 환율에 대한 염려는 전혀 하지 않습니다.181쪽 '미국이라는 나라와 주식시장 믿어도 될까?'에서 그 이유를 자세히 설명합니다.

간혹 환율에 민감한 분들은 쌀 때 환전해놓고 비쌀 때 주식을 매도하라는 투자법을 역설하기도 하지만, 문제는 환율이 언제 싸고 언제 비쌀지 예측이 불가능하다는 점입니다.

따라서 저는 환율이 얼마든지 원래 매수하기로 한 날 매수하고, 달러로 배당이 나오면 즉시 환전해버립니다. 이는 그저 환율예측은 신의 영역이라 생각하는 비전문가의 투자성향 고백이니 참고만 하시면 됩니다.

내가 자산배분을
하지 않는 이유

사계절과 같이 경제에도 호황과 불황을 반복하는 주기가 존재합니다. 우리가 투자할 수 있는 자산의 종류는 주식, 채권, 원자재, 부동산, 금 등 매우 다양한데, 경기가 호황이냐 불황이냐에 따라 각각의 예상수익률이 달라집니다. 그러나 경제 주기를 예측하는 것은 매우 어렵습니다. 때문에 안정성을 위해 호황에 강한 자산과 불황에 강한 자산을 섞어서 구성하면 좋다고 흔히 말합니다. 이것이 바로 자산배분입니다.

대신 안정성을 추구하면 수익률은 어느 정도 떨어질 것을 감수해야겠지요. 저위험 저수익Low risk Low return, 고위험 고수익High risk High return이라는 표현이 괜히 있는 것이 아닙니다. 자산배분은 사람마다 다른 개인성향일 뿐 정답은 없습니다만, 저는 자산배분을 하지 않습니다. 주거용 목적의 부동산을 제외하고는 대부분의 투자금액이 주식에 편중되어 있습니다. 그 이유를 설명하겠습니다.

환율이라는 방어벽
자산배분의 방법은 아주 다양하지만, 설명을 단순화하여 주식과 채권

4장 걱정 말기 161

만 놓고 보겠습니다.

단기적으로 보면 주식은 대표적인 위험자산이고, 채권은 대표적인 안전자산입니다. 이로 인해 주식과 채권의 변동성 비율에 따라 자산배분 비율을 정하자는 투자 아이디어도 있습니다. 가령 경제위기 때 변동성이 큰 주식이 30% 떨어지고 채권은 10% 오르는 경향이 있다면, 자산 구성을 주식 대 채권이 1 대 3의 비율이 되게 하자는 뜻이지요. 그럼 확실히 경제위기 때는 방어력이 증가하겠지요. 하지만 저는 미국에 투자하는 한국인의 경우에는 이러한 조합이 효과가 떨어진다고 생각합니다.

누구나 알 듯이, 미국은 초강대국이고 미국 달러는 대표적인 안전자산입니다. 경제를 포기한 국가에서는 자국 화폐를 포기하고 미국 달러를 대신 사용할 정도입니다. 때문에 경제위기가 오면 전 세계적으로 달러 수요가 높아지며 환율이 올라가는 경향이 있습니다. 그 덕분에 미국 바깥의 우리는 정작 미국인들은 누리지 못하는 환율 방어막의 효과를 누립니다.

다음의 두 그림은 S&P500지수 추이를 나타내는데, 역대급 증시 폭락을 기록했던 2008~2009년 글로벌 금융위기 때를 주목해서 보시길 바랍니다.

첫 번째 것은 미국 투자자 입장의 차트이고, 두 번째 것은 한국 투자자 입장에서 원화로 환산했을 때의 차트입니다. 얼핏 보더라도 두 번째 그래프의 낙폭이 훨씬 적습니다. 그 당시 S&P500지수는 약 52% 폭락했지만, 한국 투자자의 입장에서는 폭등한 환율로 인해 결과적으로 약 24% 폭락선에 그칩니다.

달러화 기준 S&P500지수

출처 : 트레이딩 뷰

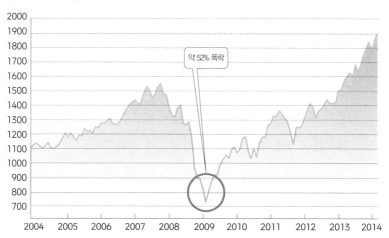

원화 기준 S&P500지수

출처 : 트레이딩 뷰

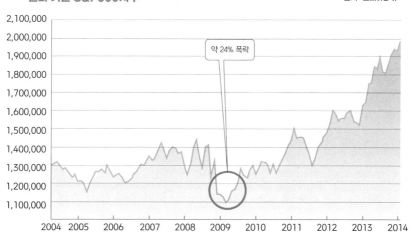

그렇다고 해도 아주 안전하다고 할 수 없는 상황인 것은 사실입니다. 그럼에도 불구하고 제가 자산배분을 하지 않는 이유는 그 효용성에 의문이 있기 때문입니다.

장기투자자의 자산배분 효용성

세계적으로 가장 유명한 자산배분 포트폴리오 중 하나는 자산배분의 대가 레이 달리오가 제시한 올웨더 포트폴리오All-weather Portfolio일 것입니다. 포트폴리오 이름 그대로 사계절 언제나 기복 없이 안정된 수익을 목표로, 경제 호황기에 유리한 자산과 불황기에 유리한 자산을 적절히 배합한 포트폴리오입니다. 다음 그림과 같은 비율로 주식, 장기채권, 중기채권, 원자재, 금을 섞어서 자산을 구성합니다.

올웨더 포트폴리오

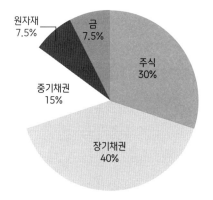

올웨더 포트폴리오의 성과 그래프를 보면, 비가 오나 눈이 오나 어떤 위기가 와도 꿋꿋이 우상향함을 알 수 있습니다. 2008년 금융위기 때 주식시장이 30~40% 폭락할 때도 오히려 3.2% 수익을 올렸습니다. 즉 올웨더 포트폴리오는 투자는 하고 싶은데, 혹시라도 급하게 인출할 상황이 생길 수도 있어서 절대로 원금을 잃어서는 안 되는 투자자에게는 최적의 선택지 중 하나가 될 수 있습니다.

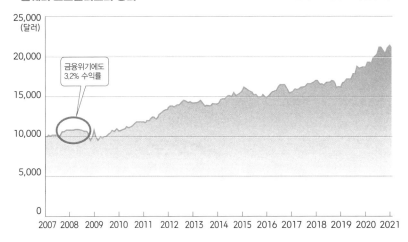

올웨더 포트폴리오의 성과

출처 : 포트폴리오 비주얼라이저

금융위기에도
3.2% 수익률

하지만 단기적인 주식시장의 등락에 신경 쓰지 않는 투자성향을 가지고, 장기간 투자할 각오가 되어 있는 투자자는 주식의 비율을 100%로 하는 것이 유리하다는 전문가들의 의견도 많습니다. 단, 여기서 주식은 절대 개별주식을 이야기하는 게 아니라 인덱스펀드를 뜻합니다.

인덱스펀드의 창시자인 존 보글 역시 『모든 주식을 소유하라』에서 다음과 같이 말합니다.

"투자 기간을 길게 보면서 주기적인 시장 붕괴 상황에 크게 개의치 않을 정도로 투지와 배짱이 있는 투자자는 S&P500 인덱스펀드의 비율을 100%로 하는 것이 가장 좋은 선택지일 수 있다."

실제로 올웨더 포트폴리오와 100% 주식형 인덱스펀드인 VTI 간의 과거 백테스트 결과를 보여드리겠습니다. 철수올웨더와 영수주식100%가 어찌 보면 주식투자자로서는 최악의 시점인 2008년 글로벌 금융위기로 인한 대폭락 직전에, 각각 1만 달러를 투입한다고 가정합니다.

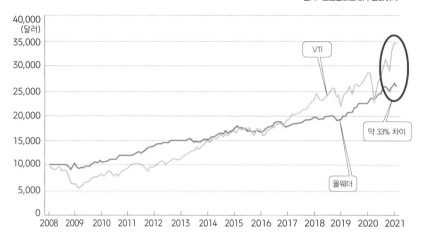

2008년 금융위기 직전에 진입했을 때의 올웨더 포트폴리오와 VTI 성과

출처 : 포트폴리오 비주얼라이저

2009년쯤 영수가 수익률 반토막 폭락을 때려맞을 때, 올웨더 포트폴리오대로 투자한 철수의 수익 곡선은 기복 없이 탄탄하게 우상향합니다. 하지만 2014년쯤부터는 역전의 기미가 보이더니 영수가 치고 나가고, 2020년 코로나19로 인한 폭락에도 철수보다 약 33% 높은 수익을 거둡니다.2021년 2월 25일 기준. 다시 말해 최악의 타이밍에 들어갔다고 했을 때 단기적으로는 자산배분을 한 철수가 웃는 듯한 모습을 보였으나, 장기적으로는 영수가 승리했습니다.

그렇다면 금융위기가 아닌 평범한 상황에서 투자대결을 시작하면 어떻게 될까요? 글로벌 금융위기를 어느 정도 넘긴 2009년부터 맞붙었을 경우에는 주식 100%인 VTI에 투자하는 영수의 수익률이 철수의 두 배를 훌쩍 뛰어넘는 압승입니다. 물론 아마 철수와 영수가 다른 시점과 다른 기간 동안 맞붙는다면 다른 결론이 나올 수도 있습니다.

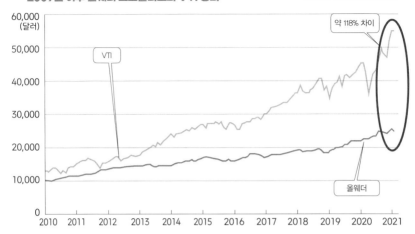

따라서 쐐기를 박듯이 마지막으로 제가 주식 100% 포트폴리오를 선택한 이유를 말하자면 바로 배당금입니다.

비가 오나 눈이 오나 늘어나는 배당금

코로나19 여파에 따른 실물경제의 붕괴로 2020년에는 다소 배당금이 떨어졌지만, 미국 주식시장 전체에 투자하는 VTI의 배당금 막대는 해마다 뚜렷한 증가세를 보입니다. 그에 반해 올웨더 포트폴리오의 배당 추세는 다소 들쭉날쭉하고, 특히 2020년에는 2007년 수준으로 배당이 삭감된 모습을 볼 수 있습니다.

주식은 회사의 지분입니다. 따라서 회사가 번창할수록 주주는 시세차익이나 배당으로 성장의 열매를 함께 누립니다. 하지만 올웨더 포트폴리오를 구성하는 금이나 원자재 자산은 애초에 배당이 거의 없으며, 채권은 기업이 돈을 빌리고 갚으면서 일정 이자만 돌려주면 채무관

올웨더 포트폴리오와 VTI 배당금

출처 : 포트폴리오 비주얼라이저

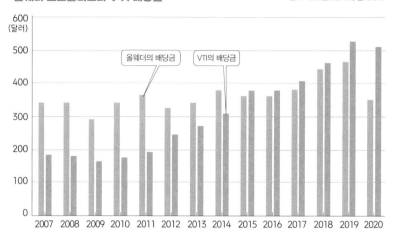

계가 종료되므로 같이 누릴 성장의 열매라는 개념이 없습니다. 즉 장기적으로 봤을 때 올웨더 포트폴리오는 인덱스펀드 100%의 배당성장률을 따라잡기가 힘듭니다.

물론 폭락장을 버텨내는 올웨더의 맷집은 상당히 매력적이지만, 건물주의 마음으로 주식과 배당을 모아가는 제 입장에서는 폭락 역시 지분을 싼값에 늘릴 수 있는 기회가 됩니다. 이러한 이유들이 사실 제가 자산배분 전략 대신 주식 100% 포트폴리오를 택한 이유입니다.

7

내가 레버리지 ETF를
하지 않는 이유

제가 레버리지 ETF를 하지 않는 이유를 설명하기 전에, 먼저 레버리지 ETF가 무엇인지, 더불어 인버스 ETF는 무엇인지 간단히 살펴봅시다.

레버리지 ETF는 지수의 몇 배 수익을 추구하는 상품입니다. 가령 두 배 레버리지 ETF는 목표지수가 1% 상승할 때 수익률이 2% 상승하며, 목표지수가 1% 하락할 때면 수익률이 2% 하락합니다.

한편 인버스 ETF는 목표지수와 반대의 방향성을 그리는 상품입니다. 즉 목표지수가 하락할수록 수익률이 상승합니다.

저는 인버스 ETF도 하지 않는데, 그 이유는 아주 간단합니다. 인류가 발전할수록 기업도 발전하며 주식시장은 장기적으로 우상향해왔기 때문이지요. 긴 주식시장의 역사에서 하락장은 단기적인 사건에 불과하고, 이러한 사건을 매번 적중하여 투자한다는 것은 신의 영역에 가까운 일입니다.

실제로 2020년 3월 19일, 코스피가 1439포인트로 연중 최저점을 찍은 다음 날인 3월 20일 기사의 헤드라인을 봅시다.

4

어떤가요? 2020년 3월 19일 그 당시에는 코스피지수가 더 내려갈 것이라고 예측한 전문가들도 상당수였습니다. 심지어 제 주변에는 주가가 하락할수록 두 배의 수익률을 가져가는 인버스 두 배 ETF에 들어갔던 지인들도 많이 있었습니다. 이 상품은 주가가 상승하면 그 두 배의 손해를 봅니다.

그러나 아시다시피 저 날 이후로 코스피지수는 파죽지세로 올라서 2021년 1월 3000선마저 돌파했습니다. 인버스 ETF에 들어갔던 이들의 손해도 만만치 않았겠지요.

앞서 말한 대로 주식시장의 우상향을 믿는다면, 지수 수익률의 몇 배를 먹을 수 있는 레버리지 ETF를 하면 더 이득이지 않을까 하고 생각할 수 있습니다.

하지만 주식시장은 장기적으로 우상향이지만, 단기적으로는 하락도 횡보도 할 수 있다는 점을 상기해야 합니다. 우리나라 코스피시장은 유독 '답답한 박스피'라고 조롱당하지만, 사실 미국 증시도 박스권에 갇힐 때는 별반 다르지 않습니다.

다음 그래프는 미국 주식투자를 적극적으로 권할 때 흔히 예시로 드는 최근 10년간의 S&P500지수 그래프입니다. 코로나19 위기로 인한 급락을 포함해 크고 작은 등락이 없었던 것은 아니지만 전반적으로 끊임없이 우상향하는 모습을 보여주고 있습니다.

하지만 그 다음의 50년간 S&P500지수 그래프를 보면 미국 주식시장도 2000년쯤에 주식을 샀던 사람은 2012년까지 끝이 보이지 않는 박스권에서 꽤 고생했을 것이라는 사실을 알 수 있습니다. 이와 같은 횡보장에서 레버리지 ETF는 불리합니다.

최근 10년간의 S&P500　　　　　　　　　출처 : 네이버 금융

최근 50년간의 S&P500　　　　　　　　　출처 : 트레이딩 뷰

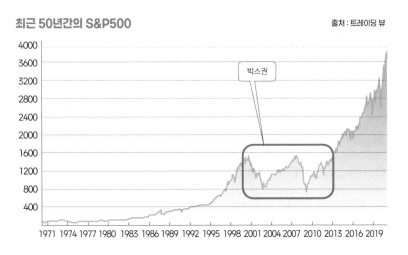

횡보장에서 불리

두 배 레버리지 ETF로 계산을 해보겠습니다. 계산 편의상 주가지수를 1000포인트라고 하고 투자금도 1,000만원이라 가정합니다.

주가지수가 10% 상승해 1100포인트가 된다고 해보죠. 이때 일반적인 ETF인 인덱스펀드의 수익률은 같이 10% 상승해 원금은 1,100만원이 됩니다. 반면 두 배 레버리지 ETF의 경우는 수익률이 20% 상승하고 원금은 1,200만원이 됩니다.

그런데 다음 날 주가지수가 10% 하락하고 말았다고 해보죠. 인덱스펀드의 수익률은 1,100만원에서 10% 빠져 990만원이 됩니다. 반면 두 배 레버리지 ETF에서는 손실도 두 배이므로 20%의 손실이 발생해 960만원이 됩니다.

주가지수가 처음과 거의 똑같은 수치인 990포인트로 돌아왔음에도 불구하고, 두 배 레버리지 ETF의 손실이 더 큰 것을 알 수 있습니다.

그렇다면 이번에는 장기적인 완벽한 횡보장을 구현하기 위해 약간은 극단적인 비율을 설정해서 설명하겠습니다. 주가지수 1000포인트에서 시작해 하루 25% 상승, 이튿날 20% 하락을 계속 반복한다고 해보죠. 소수점까지 딱 떨어지는 수치를 위해서 다소 비현실적인 수치가 불가피했음을 양해 바랍니다.

다음의 그래프를 보면, 인덱스펀드의 자산가치가 1,000만원에서 계속 방어되는 동안, 두 배 레버리지 ETF의 자산가치는 쭉쭉 녹아내리고 있음을 알 수 있습니다.

엄밀히 말하면 이 예시는 이론적인 내용일 뿐이고, 실제 일상적인 등락폭 정도로는 레버리지 ETF의 자산가치가 이렇게까지 푹푹 깎이

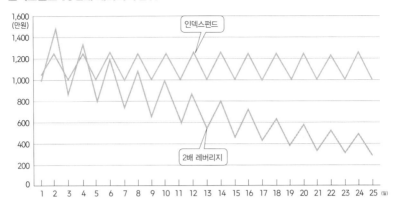

인덱스펀드 vs 2배 레버리지 ETF

지는 않습니다. 시기를 잘 선택한다면 단기적으로는 더 나은 수익률을 거두기도 하고요.

그럼에도 불구하고 제가 레버리지 ETF를 하지 않는 이유는 역시나 배당입니다. 대다수의 레버리지 ETF는 배당에 주력하는 상품이 아니기 때문에 배당이 적거나 없기도 하고, 있다 해도 배당 추세가 일관적이지 않습니다. 따라서 장기투자를 위한 수단으로 쓰기에는 여러모로 매력이 떨어집니다.

낮은 배당 매력도

다음의 그래프는 각각 다른 두 배 레버리지 ETF와 VTI의 배당현황을 비교한 것입니다. 배당투자자는 배당의 주기와 금액의 성장성^{우상향} 추세에 주목할 필요가 있습니다.

두 배 레버리지 ETF인 SSO ETF 그래프를 얼핏 보면 1년에 네 번의 주기로 배당이 지급되는 것 같지만, 자세히 보면 중간중간 배당이

지급되지 않는 때도 있습니다. 그리고 배당금액의 우상향 측면에서도 워낙 그 폭이 작아서 살짝 아쉽습니다.

또 다른 두 배 레버리지 ETF인 SPUU ETF는 배당주기도 불규칙적이고 금액도 들쭉날쭉하여 성장성과는 거리가 멀어 보입니다.

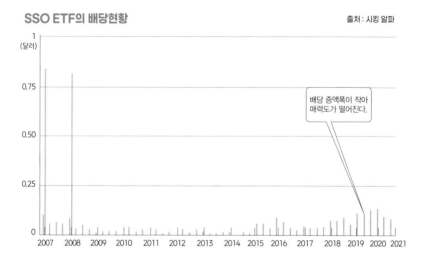

SSO ETF의 배당현황   출처 : 시킹 알파

배당 증액폭이 작아 매력도가 떨어진다.

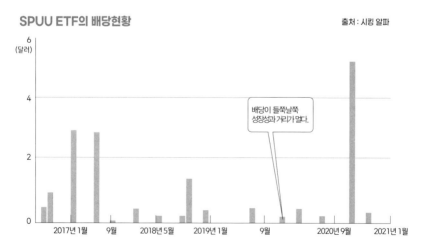

SPUU ETF의 배당현황   출처 : 시킹 알파

배당이 들쭉날쭉 성장성과 거리가 멀다.

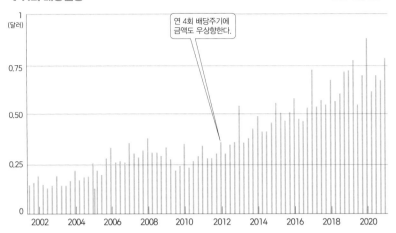

VTI의 배당현황

출처 : 시킹 알파

연 4회 배당주기에 금액도 우상향한다.

반면 VTI의 배당현황을 보면 1년에 네 번의 배당주기를 철처히 지키면서도 배당금액 자체도 확연히 우상향하고 있는 것을 알 수 있습니다. 건물주의 마음으로 투자하는 저로서는 VTI를 선택할 수밖에 없습니다.

높은 운용비용

제가 레버리지 ETF를 하지 않는 이유에는 운용비용도 있습니다. 레버리지 ETF는 일종의 파생상품이라 운용이 복잡합니다. 때문에 운용비용이 인덱스펀드인 VTI의 30배에 달하는 경우도 흔합니다. 이 역시 장기적으로 봤을 때 수익률을 떨어뜨리겠지요.

다음은 S&P500지수를 레버리지로 추종하는 ETF들과 VTI의 배당수익률과 운용비용을 표로 비교한 것입니다.

레버리지 ETF의 운용비용

기준: 2021년 2월 14일 | 출처 : 시킹 알파

종류	특징	배당수익률 (%)	운용비용 (%)
UPRO	S&P500 3배 레버리지	0.20	0.93
SPXL	S&P500 3배 레버리지	해당 없음	1.01
SPUU	S&P500 2배 레버리지	1.76	0.64
SSO	S&P500 2배 레버리지	0.32	0.91
UDOW	다우지수 3배 레버리지	0.32	0.95
VTI	미국 전체 주식시장 인덱스펀드	1.34	0.03

대다수의 레버리지 ETF가 배당수익률이 매우 낮고, 심지어 N/A not applicable, 즉 '해당 없음'으로 표시되는 상품도 있습니다.

또한 운용비용은 VTI가 0.03%로 가장 낮습니다. 다시 말하지만 티끌 모아 태산입니다. 이렇게 직접 나열해서 비교해보니, S&P500지수를 레버리지로 추종하는 ETF들은 운용비용도 VTI에 비해 어마어마하게 비싸다는 것을 체감할 수 있습니다.

즉 횡보장에서 손실이 더 크고, 배당의 매력도가 떨어지며, 운용비용이 높은 레버리지 ETF에 제가 자산을 투자할 이유는 없는 것입니다.

8

내가 월배당 ETF를
하지 않는 이유

같은 값이면 다홍치마라고, 배당도 당연히 연배당보다는 분기배당이, 분기배당보다는 월배당이 좋겠지요. 미국 ETF에 대해서 조금만 조사를 해보면 금방 매력적인 월배당 ETF를 찾을 수 있습니다.

그럼에도 불구하고 저는 왜 배당주기가 3개월인 VTI를 선택했을까요? 시중의 월배당 ETF를 유형별로 나눠 세 가지 이유로 설명하겠습니다.

주가 안정성이 떨어지는 유형

먼저 배당을 매달 주고 배당률도 높은 종목으로 구성되었지만, 주가 자체가 떨어질 위험성이 높은 유형의 ETF가 있습니다.

그중 하나인 SDIV는 Global X Superdividend ETF의 약어로, 이름에서 알 수 있듯이 오로지 전 세계의 고배당주에만 초집중한 상품입니다. 연배당 수익률이 2021년 2월 기준 7%가 넘습니다.

하지만 회사의 성장성보다는 오로지 배당에만 집중해서 종목을 선정하다 보니, 그래프에서 알 수 있듯이 정작 주가는 맥을 못 추고 있

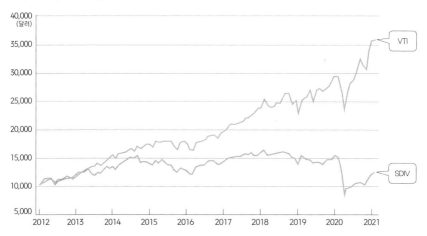

습니다. 이처럼 장기적인 성장이 없으면 고배당을 지급하던 회사라도 결국에는 배당금을 삭감할 수밖에 없겠지요.

　실제로 SDIV의 배당현황 그래프를 보면 2012년에서 2013년 무렵보다 그 이후의 배당금은 반토막이 난 것을 볼 수 있습니다. 높은 월배

SDIV의 배당현황 　　　　　　　　　　　출처 : 포트폴리오 비주얼라이저

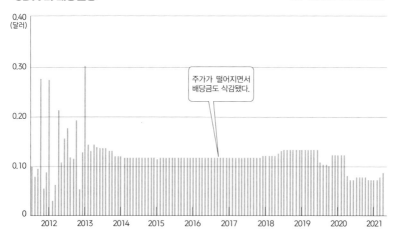

당에 혹해서 투자했다가 잘못하면 손해 보기 십상입니다.

월배당인 듯 월배당 아닌 월배당 같은 유형

두 번째로 월배당을 주는 것은 맞지만 매달 배당금이 들쭉날쭉한 유형의 ETF가 있습니다.

월배당 ETF인 DIA의 배당현황　　　　　　　　출처 : 포트폴리오 비주얼라이저

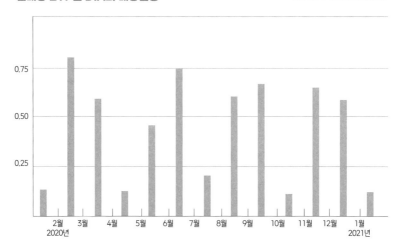

미국은 분기배당이 매우 보편적이어서 배당을 1월, 4월, 7월, 9월에 하거나 2월, 5월, 8월, 11월에 하거나 3월, 6월, 9월, 12월에 하는 기업들로 나뉩니다. 그러나 각각의 월에 속하는 기업의 수나 배당합산액이 다르다 보니, 월마다 배당금의 편차가 심합니다.

　저는 건물주 같은 느낌으로 일정한 배당을 받기를 원하기 때문에 월배당보다는 3개월에 한 번씩 합산되고, 그 편차도 더 작은 분기배당을 선호하는 것입니다.

운용비용이 높은 유형

마지막 세 번째 유형은 운용비용이 높은 월배당 ETF입니다. 사실 대부분의 월배당 ETF는 종목 선정 및 운용이 까다로워서인지 운용비용이 높은 편입니다.

다음의 표는 많이 알려진 월배당 ETF를 몇 가지 선정하여 VTI의 운용비용과 비교한 것입니다. VTI에 비해 적게는 다섯 배에서 많게는 열 배까지의 운용비용이 나가는 것을 볼 수 있습니다.

월배당 ETF와 VTI의 운용비용 기준 : 2021년 2월 12일 | 출처 : 시킹 알파

종류	특징	배당수익률 (%)	운용비용 (%)
SPHD	고배당 저변동성 기업 50개	4.62	0.30
DLN	배당친화적 대기업 300개	2.64	0.28
DGRW	배당성장 기업 300개	1.90	0.28
DIA	다우지수 구성하는 기업 30개	1.81	0.16
SPLV	저변동성 기업 100개	2.04	0.25
VTI	미국 전체 주식시장 인덱스펀드	1.34	0.03

앞서 설명했듯이 높은 운용비용은 장기적으로 봤을 때 상상 이상으로 자산을 갉아먹고 녹여버릴 수 있습니다.

저는 지금까지 말한 세 가지 단점을 모두 극복한 월배당 ETF는 아직 찾지 못했습니다. 그래서 저는 오늘도 VTI에 올인하고 있습니다.

미국이라는 나라와
주식시장 믿어도 될까?

저는 미국 인덱스펀드를 예찬하며 투자하고 있지만 친미주의자는 아닙니다. 그저 미국이 마침 장기 배당투자자에게 가장 유리한 배당문화를 가졌을 뿐입니다. 다만 염려스러웠던 것은 미국의 패권 지속 및 미국 주식시장의 우상향 여부였습니다.

미국의 패권은 지속될까?

가까운 미래에 중국이 미국을 넘어설 것이라고 예측하는 학자들도 많습니다. 지금까지 제가 말해온 바를 믿고 미국에 고액을 장기투자하려는 사람들 입장에서는 다소 부담이 될 만한 예측입니다. 저 역시 한때 그런 걱정을 했기에 공감합니다.

곰곰이 생각해보면 의외로 답은 간단합니다. 미래에 중국이 1등 국가가 된다고 해도 그것이 미국이 퇴보한다는 의미는 아닙니다. 과거 세계 GDP 1위였던 19세기 대영제국의 국민이, 현재 세계 GDP 6위인 영국 국민보다 삶의 수준이 높다고 할 수는 없는 것처럼, 단순히 GDP 순위가 떨어지는 것이 '퇴보'를 의미하는 것은 아닙니다. 다시 말해 쉬지 않고 진보해온 인류의 역사를 감안하면 미래에 미국이 2등 국가가 된다 해도 현재의 미국보다는 발전한 상태일 가능성이 높습니다. 더 군다나 중국이 미국을 넘어설 것이라고 해도 아래의 그래프를 보면 최 소한 금융계의 패권만큼은 아직까진 미국이 압도적인 것으로 보입니다.

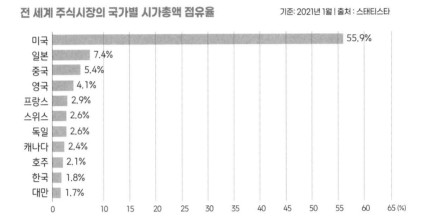

전 세계 주식시장의 국가별 시가총액 점유율 기준 : 2021년 1월 | 출처 : 스태티스타

또한 주식시장은 규모가 클수록 변동성이 낮습니다. 전 세계 주식시장 의 시가총액 50% 이상을 차지하고 있는 미국에 다른 나라 주식시장 의 충격은 영향을 미치기가 힘듭니다. 즉 미국 주식시장에 투자한 이들 은 충격에 노출되는 정도가 줄어듭니다.

미국 주식시장은 장기적으로 계속 우상향할까?

저는 건물주의 마음으로 미국이라는 나라에서 '월세'를 받고자 투자하 기에 주식시장이 횡보하든 하락하든 큰 신경을 쓰지 않습니다만, 이제 투자를 시작하시는 분들께는 하락장과 횡보장은 분명 견디기 어려운 시련일 것입니다. 그렇다면 장기적으로 봤을 때 앞으로도 미국 주식시장은 지난 200년의 역사처럼 계속 우상향할까요?

2018년 IMF의 자료에 따르면 미국의 1인당 국민소득은 6만 2,000달러가 넘습니다. 거기에 더해 3억 2,000만 명이 넘는 거대한 인구를 감안하면 국가 전체에서 창출되는 소비 규모가 어마어마합니다. 이러한 강력한 소비는 기업의 매출을 늘리고 주가를 상승시키는 강력한 원동력이 됩니다.

또한 미국은 세계 곳곳에서 아메리칸드림을 꿈꾸는 훌륭한 인재들이 계속 유입되며, 4차 산업혁명을 선도하고 있습니다. 애플, 구글 등의 기업이 그 예입니다. 우상향 가능성을 증명하는 지표들은 이 외에도 많습니다. 다만 과거의 기록만으로 미래를 장담하기는 어렵겠지요.

그래서 저는 누군가가 "미국 주식시장은 계속 우상향할까요?"라고 묻는다면 이렇게 대답합니다.

"미래를 증명할 수 없기에 확답할 수 없지만 이것만은 확실합니다. 현 시점에서 주식투자를 시작하겠다면 최상의 선택지는 미국입니다."

마지막으로 워런 버핏이 2021년 2월 27일, 주주들에게 보낸 연례 서한의 한 구절을 전하며 마무리할까 합니다.

"미국의 역사는 짧지만 지금껏 미국만한 인큐베이터는 세상 어디에도 없었다. 미국은 사람들이 각자의 잠재력을 마음껏 드러내게 한다."

"미국의 경제발전은 눈부실 정도로 빠르다. 몇몇 방해요소에도 불구하고 말이다."

"결코 미국과 반대로 투자하지 말라."

어려운 이야기들은 과감하게 생략합니다. 이 장에서는 이 책을 이해할 수 있을 정도의 필수적인 내용만 최대한 쉽게 설명하는 것을 목표로 합니다. 실무적인 내용들도 과감히 생략했습니다. 아마도 PER의 개념에 대해서도 설명하지 않는 유일한 주식투자서일지도 모릅니다.

백지 상태

주식이 처음인 분들을 위하여

주린이를 위한 첫걸음

주식의 탄생

최초의 주식회사는 1602년에 설립된 네덜란드의 동인도회사로 알려져 있습니다. 16세기는 항해술의 발전으로 대항해시대가 열린 때입니다. 세계 각지의 후추, 계피, 정향 등의 향신료와 도자기, 귀금속 등의 수입 품은 아주 비싸게 거래되었기 때문에 무역에 성공하면 엄청난 돈을 벌 수 있었습니다. 하지만 당시 유럽인들에게 장거리 무역은 리스크가 매우 컸습니다. 긴 항해 도중에 배가 침몰하거나 해적에게 약탈당하면 막대한 손해를 입기 때문이지요. 이에 여러 사람들이 모여서 공동으로 자본을 모으고 지분을 나누면서 위험을 낮추는 전략을 생각해내는데 이것이 주식의 시초입니다.

주식은 내가 이 무역회사에 돈을 투자해서 회사의 지분을 취득했다는 증서인 셈입니다. 만약 항해를 시작하는 데 드는 비용이 100억원이고 주식은 100주를 발행한다면, 1억원을 투자한 사람은 주식 한 주를 사는 셈이고, 시장에 풀린 100주 중 한 주를 가지고 있으니 이 회사의 지분을 1%만큼 가진 셈입니다.물론 돈을 더 많이 내면 더 많은 지분을 갖게 되겠지요. 주식을 발행한 회사를 주식회사라 하고, 주식을 한 주만 가지고 있어도 주식회사의 주인인 주주가 됩니다.

주식회사를 꾸린 덕에 무역이 대박이 나면 지분비율대로 수익을 나눴고, 중간에 사고가 발생하면 공동으로 책임을 져 위험을 분산시켰습니다.

"우린 대박이 나도 같이 나고, 죽어도 같이 죽는다."

배당이 뭐지?

주식회사에서 매년 발생한 수익을 주식의 지분비율대로 주주들에게 나눠주는 것을 '배당'이라고 합니다. 회사가 잘되면 배당도 늘어나고, 잘 안 되면 배당도 줄어들겠지요. 건물주가 건물을 가지고 있으면 들어오는 월세와 비슷합니다.건물에 들어온 상가들이 장사가 잘되면 꼬박꼬박 월세를 받고 인상할 수도 있겠지만, 폐업을 해서 공실이 되면 월세수입이 줄어듭니다. 원래 태초의 주식투자라는 것은 무역이 대박 났을 때 지급되는 배당금을 주목적으로 한 일종의 배당투자였습니다.

시세차익이 뭐지?

그 옛날에는 무역이 한 번 잘되면 수익이 어마어마했나 봅니다. 최초의 주식회사인 동인도회사는 주주들에게 무려 투자금의 75%나 되는 배당금을 지급하기도 했으니까요.

그러다 보니 이러한 회사의 주식을 한 주라도 갖고 싶어 탐내는 사람이 생길 수밖에 없었겠지요. 그래서 주주들은 본인이 보유한 주식에 웃돈을 얹어 파는 방식으로 수익을 내기도 했는데 이런 방식으로 수익을 내는 투자방식을 '시세차익 투자'라고 보면 됩니다.

그 옛날 초기 주식회사는 배당지급이 중요한 의무였지만, 현대사회에서는 모든 주식회사가 배당을 지급하지는 않습니다. 주주들에게 배당을 지급하는 대신 그 돈을 회사의 성장을 위해 재투자하기도 합니다. 이런 성향의 기업들은 잘만 고르면 주가가 상승할 확률이 높아 이를 선호하는 투자자들도 많습니다.

2

배당 관련 첫걸음

배당과 관련된 지표 중 헷갈리기 쉽고 꼭 알아야 할 용어만 정리합니다.

배당률

배당률Dividend rate은 회사가 배당을 얼마나 많이 챙겨주는지를 비율적으로 알 수 있는 지표입니다. 하지만 실제로는 잘 쓰지 않는데, 그 이유는 배당률은 액면가액을 기준으로 계산하기 때문입니다. 액면가란 주식의 최초 발행가격입니다.

$$배당률 = \frac{배당금}{액면가액} \times 100$$

예를 들어 20년 전에 A회사가 주식을 한 주당 5,000원에 발행해서 팔았으면 지금 주가가 올라 한 주당 100만원이 되었어도 액면가는 5,000원입니다.

이때 이 회사의 20년 전 연간 배당금이 1,000원이었고 지금도 1,000원이라고 하면, 100만원짜리 주식 한 주를 사도 연간 배당금은 1,000원밖에 안 됩니다. 그런데 연간 배당률은 액면가를 기준으로 하다 보니 무려 20%의 배당을 받는 것으로 계산되고, 이 때문에 투자자는 배당률이 높은 주식을 고배당주로 착각하기도 합니다.

배당수익률

배당수익률Dividend yield은 실제 배당을 따질 때 가장 많이 사용하는 지표 중 하나입니다.영어도 외워두면 좋습니다. 액면가가 아닌 현재의 주가를 기준으로 하니 투자자가 고배당주라고 혼동할 일이 없습니다.

즉 앞선 A회사의 경우 현재 주가 100만원에 기준해 배당수익률이 0.1%라고 계산됩니다.

$$배당수익률 = \frac{배당금}{시장가격_{주가}} \times 100$$

일상에서는 편의상 배당률이라고 하는 경우가 많은데, 사실 누가 배당률이라는 표현을 써도 대부분은 배당수익률을 뜻한다고 보면 됩니다.

배당투자를 할 때 배당수익률은 분명 중요한 지표이지만, 이것만 보다가는 자칫 함정에 빠질 수도 있습니다.

가령 A회사가 갑자기 대차게 망가지며 100만원 하던 주가가 5,000원으로 폭락했다고 해봅시다. 폭락한 주가와 무관하게 A회사는 지난

1년간 배당금 1,000원을 지급했기 때문에 배당수익률은 20%((1,000원/5,000원)×100)로 계산됩니다. 만약 이것만 보고 투자한다면 부도회사에 투자할 수도 있겠지요. 성장이 멈춘 회사에 투자하면 배당금 조정도 당연히 옵니다. 조만간 배당금은 10원으로 폭락해 배당수익률이 0.2%가 될지도 모릅니다.

배당성장률

배당성장률Dividend growth은 이름에서 느껴지듯이 배당금이 늘어난 비율을 뜻합니다.

배당성장률이 높다는 것은 회사가 성장세에 있다는 의미입니다. 따라서 배당투자를 할 때 현재 배당수익률도 중요하지만 배당성장률도 중요한 지표가 됩니다.

예를 들어 2020년에 연간 배당금이 1,000원이었는데 2021년에는 1,200원이라면 이 회사의 배당성장률은 20%입니다. 회사가 배당금을 늘리는 것으로 보아 성장세에 있음을 알 수 있습니다.

물론 배당성장률보다 애초에 배당금이 높은 회사를 선호하는 사람도 있을 것입니다. 가령 배당수익률은 높지만 배당성장률은 낮은 회사, 배당수익률은 낮지만 배당성장률은 높은 회사 중에서 여러분은 어떤 회사를 선택하겠습니까? 이것은 여러분의 투자취향 문제일 뿐 정답은 없습니다.

저는 미국의 기업들이 주가도 안정적이고 성장성도 좋지만, 무엇보다 배당성장률이 높기에 투자를 선호합니다. 아쉽게도 아직 우리나라는 배당을 대하는 기업문화가 미국과 많이 다릅니다. 일단 우리나라는 기업의 배당성향 자체가 전 세계 주요국 중 최하위에 가깝습니다.

글로벌 주요국 배당성향　　　　　　　　　　　　　　출처 : 머니투데이

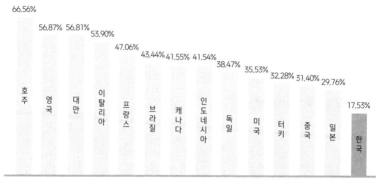

※ 자료 : 블룸버그, 삼성증권, 2017년 기준

또한 대부분의 기업이 1년에 네 번 분기마다 배당을 하는 미국과 달리, 우리나라는 1년에 한 번 연배당을 하는 기업이 대부분입니다. 하지만 누구든지 가능하다면 배당을 자주 받기를 선호하겠지요.

아울러 제가 미국 주식시장을 높이 사는 이유는 그 특유의 배당에 대한 자부심 때문입니다. 실적에 따라 배당도 들쭉날쭉한 우리나라의 기업 분위기와 달리, 미국은 실적이 다소 안 좋아도 뚝심 있게 배당금을 증액한 것에 자부심을 느끼는 기업 분위기가 형성되어 있습니다.

미국에는 배당킹, 배당귀족, 배당챔피언 등의 표현이 있습니다. 배당킹은 50년 연속 배당금을 증액한 기업, 배당귀족은 25년 연속 배당금을 증액한 기업, 배당챔피언은 10년 연속 배당금을 증액한 기업을 말합니다. 얼마나 오랫동안 배당을 계속 늘려왔는지에 따라 블루칩에서

킹에까지 붙는 타이틀이 다릅니다. 이런 타이틀이 붙여지고 불린다는 자체만 봐도, 미국 기업이 배당을 대하는 자세를 느낄 수 있습니다.

> **미국 기업의 배당 등급**
- 배당킹 : 50년 연속 배당금을 증액한 기업
- 배당귀족 : 25년 연속 배당금을 증액한 기업
- 배당챔피언 : 10년 연속 배당금을 증액한 기업
- 배당블루칩 : 5년 연속 배당금을 증액한 기업

저는 진심으로 하루빨리 우리나라의 배당문화가 달라져서 투자금을 우리나라로 돌리는 날이 오기를 바라고 있습니다. 저의 모국에 투자하며 모국이 성장하고 그 성장의 열매를 같이 누리는 기분을 느끼고 싶거든요.

3

시장 들여다보기

상장

그 옛날 대항해시대 때는 무역이 실패할 확률이 높아 위험도를 분산시키는 것이 주식회사의 주목적이었다면, 요즘은 회사의 규모를 키우는 것이 주목적입니다. 혼자만의 돈으로 회사를 차리면 규모가 작을 수밖에 없고 작은 회사는 큰 회사와의 경쟁에서 밀릴 가능성이 높습니다. 그래서 수많은 사람으로부터 자금을 수혈받아 회사의 규모를 키우기 위해, 회사를 주식시장에 공개하고 주식을 팝니다. 이것을 '상장'이라고 합니다.

상장은 회사가 원한다고 쉽게 할 수 있는 것이 아닙니다. 아무 회사나 상장시켜주면 투자자가 큰 피해를 볼 수 있기 때문에 증권거래소가 엄격하게 심사를 합니다. 심사를 통과하면 회사의 규모, 연매출 등의 기준에 따라 코스피시장 혹은 코스닥시장에 상장됩니다.코스피시장에 상장하기가 훨씬 까다롭고 어렵습니다. 상장회사가 된다는 것은 어느 정도 회사의 성장이 이루어졌다는 것을 의미하므로, 대부분의 기업들은 상장을 위해 노력하곤 합니다.

상장을 한다는 것은 회사에게도 기쁜 일입니다.

증권거래소

여기서는 우리나라와 미국의 주요 증권거래소만 소개하겠습니다.

- **코스피시장** : 우리나라의 '유가증권시장'은 흔히 '코스피시장'이라고
  합니다. 기업이 코스피시장에 상장하기 위해서는 여러 까다로운 조
  건을 충족해야 하는데 그 세세한 기준을 다 알 필요는 없을 것 같습
  니다. 다만 통과조건이 까다롭다 보니 안정적인 대기업들이 주를 이
  룬다는 정도로 이해하면 됩니다.
- **코스닥시장** : 코스피시장의 문턱을 넘기에는 부족하지만, 자금조달
  이 필요한 기업들을 위해 상장기준을 약간 낮춘 시장입니다. 따라서
  중소기업, 벤처기업의 비율이 높습니다. 코스닥시장에 상장했지만
  크게 성장하여 코스피시장으로 이전하는 기업도 간간히 있습니다.
  미국의 나스닥시장을 본떠 만들었습니다.
- **뉴욕증권거래소**NYSE, The New York Stock Exchange **:** 미국 뉴욕에 있으

며 시가총액 기준 세계 최대 증권거래소입니다. 우리나라의 코스피 시장과 비슷합니다.

- **나스닥시장**NASDAQ, Nasdaq Stock Market : 미국 벤처기업들이 자금조달을 쉽게 할 수 있도록 만든 주식시장입니다. 하지만 나스닥 상장 종목이라고 꼭 회사 규모가 작다고 할 수는 없습니다. 나스닥에는 첨단산업 시장의 이미지가 있어서, 글로벌 규모로 성장했음에도 자발적으로 나스닥시장에 머물러 있는 회사들도 있기 때문입니다.

시가총액

처음 주식투자를 하는 분들이 간혹 혼동하는 것이 주가가 높을수록 큰 회사라고 생각하는 것입니다. 가령 2021년 2월 19일 기준 오뚜기는 한 주에 56만 7,000원이고, 삼성전자는 한 주에 8만 2,300원입니다. 이것만 가지고 오뚜기가 삼성전자보다 큰 회사라고 판단해서는 안 됩니다. 왜냐하면 시중에 풀린 삼성전자의 주식수가 오뚜기에 비해 약 1,626배 많기 때문이지요. 결과적으로 삼성전자의 시가총액이 약 236배 더 큽니다.심지어 이 비율은 계산 편의상 같은 삼성전자 계열의 주식인 '삼성전자우'는 배제하고 계산한 것임에도 그렇습니다.

$$시가총액 = 발행주식수 \times 주가$$

따라서 회사의 덩치를 판단하려면 주식 한 주당 가격에 시장에 풀린 모든 주식수를 곱해 계산한 시가총액을 봐야 합니다. 바꿔 말하면 시가총액은 회사의 지분을 100% 다 사기 위해서 필요한 돈이지요.

또 한 가지, 주식시장 전체의 시가총액이라고 하면 그 시장에 상장되어 있는 모든 기업의 시가총액을 합한 것입니다.

주가지수

개별기업 각각의 주가를 확인하는 것도 중요하지만, 국가 전체의 전반적인 주식시장 분위기가 어떤지 확인할 필요도 있습니다.

코스피지수 흐름

출처 : 매일경제

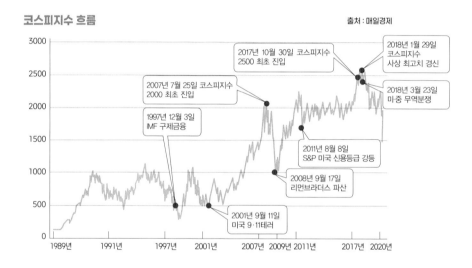

주가지수란 전체적인 주식시장의 추세를 확인하기 위해 기업들 각각의 주가를 종합하고 합해 일정한 규칙에 따라 계산하여 얻은 값입니다.

어떤 시장의 주가지수가 1000에서 2000이 되었다면 시장을 구성하는 기업들의 주가가 전반적으로 두 배 오른 것이고, 주가지수가 1000에서 500이 되었다면 기업들의 주가가 전반적으로 반토막 났다는 의미입니다. 그러니 코스피지수가 폭등하면 주변 여기저기서 돈 벌었다는 사람들이 많이 보이는 것이지요.

주가지수에는 여러 가지가 있습니다. 우리나라와 미국의 경우를 소개하겠습니다.

- **코스피지수** : 엄밀히 말하면 KOSPI의 풀네임은 Korea Composite Stock Price Index이므로, 이미 지수라는 의미가 포함된 까닭에 '코스피'라고만 하는 것이 정확하지만 흔히들 '코스피지수'라고 합니다. 코스피지수는 코스피시장에 상장된 기업들의 주가 추세를 보여주는 지표입니다.
- **코스닥지수** : 코스닥시장에 상장된 기업들의 주가 추세를 보여주는 지표입니다.
- **나스닥지수** : 나스닥시장에 상장된 기업들의 주가 추세를 보여주는 지표입니다.
- **S&P500지수** : 국제 신용평가기관인 S&P가 미국 내 기업들 중 500개 우량 기업을 선정하여 산정한 주가지수입니다. 미국 증시의 분위기를 가장 잘 반영하는 지수 중 하나라고 평가받습니다.
- **미국 전체 주식시장 지수**CRSP US Total Market Index : 3,000~4,000개에 이르는 미국 내의 거의 모든 상장 기업을 놓고 산출한 지수입니다. 일반적으로 많이 알려지지 않은 주가지수이지만, 이 책에서 주로 다루는 ETF인 VTI가 추종하는 주가지수이므로 소개합니다. 미국 내 거의 모든 상장 기업을 놓고 산출했지만, S&P500지수에 속

하는 기업들의 규모와 비중이 워낙 크다 보니약 80~90% 육박 사실상 S&P500지수와 거의 비슷한 흐름을 보입니다.

시장수익률

시장수익률은 전체 시장수익률, 시장 평균수익률 등으로 다양하게 불리는데 모두 같은 뜻입니다. 전반적인 시장상승률이 얼마나 되는지를 보여줍니다.

미국을 예로 들어 설명하면 바로 앞에서 소개한 미국 전체 주식시장 지수를 기준으로 계산할 수 있는데, 이 지수가 1000에서 2000이 됐다면 시장수익률은 100%가 되는 셈입니다. 하지만 시장수익률은 일반적으로 인지도가 훨씬 높으며, 미국 전체 주식시장 지수와 거의 유사한 흐름을 보이는 S&P500지수를 기준으로 계산합니다. 우리나라의 경우는 흔히 코스피지수를 시장수익률의 평가기준으로 사용합니다.

투자 커뮤니티를 보면 '시장을 이겼다', '시장에게 졌다' 등의 표현을 자주 볼 수 있는데, 이는 미국이라면 S&P500지수의 움직임을, 우리나라라면 코스피지수의 움직임을 기준으로 이야기하는 것이라고 보면 됩니다.

예를 들어 코스피지수가 2% 올랐는데 나는 4%의 수익률을 달성했다면 '시장을 이겼다'는 표현을 쓰는 것이지요. 하지만 이 책을 정독한 분이라면 아시겠지만, 어지간한 투자자가 시장수익률을 넘어서기란 굉장히 어렵습니다.

인덱스펀드

사전적으로는 목표로 하는 지수와 동일한 움직임과 수익률을 보이도록 설계된 펀드상품을 말합니다.

인덱스펀드의 개발자인 존 보글의 개발 취지는 전체시장의 평균 수익률을 추종하는 것이었습니다. 따라서 이 책에서 제가 인덱스펀드라고 지칭할 때는 항상 전체 시장수익률을 추종하는 펀드를 의미합니다.

일반적으로 인덱스펀드라 하면 미국의 경우에는 S&P500지수, 한국의 경우에는 코스피지수의 움직임을 따라가는 펀드라고 보면 됩니다. 즉 코스피 인덱스펀드에 투자한 사람은 코스피지수가 1% 오르면 본인도 1% 버는 것이고, 코스피지수가 1% 떨어지면 본인도 1% 잃는 것이지요.

ETF

인덱스펀드는 일종의 펀드상품이기 때문에 펀드 판매회사를 통해 가입해야 하는 약간의 불편함이 있습니다. ETFExchange Traded Fund, 상장지수펀드는 그러한 인덱스펀드를 주식시장에 상장시켜서 주식종목을 거래하듯이 쉽게 매매할 수 있도록 한 상품입니다. 따라서 집에서 실시간으로 소액 매매도 할 수 있어서 아주 편리하지요. 저도 인덱스펀드 대신 ETF를 사용합니다.

ETF도 각각의 이름이 있는데, 그 종목코드만 입력하면 삼성전자 한 주를 사듯이 ETF 한 주를 살 수 있습니다. 결국 인덱스펀드와 ETF

는 근본적으로 거의 같습니다.

하지만 인덱스펀드 창시자인 존 보글의 개발의도와는 다르게 시중에 수많은 파생형, 섹터형 ETF 상품이 생겨났습니다. 자동차 관련 기업들을 묶은 자동차 ETF, 은행 관련 기업들을 묶은 은행 ETF 등 다양한 응용상품들이 등장했지요. 그래서 용어를 미리 통일하자면 이 책에서 언급하는 ETF는 미국 전체 시장, 혹은 S&P500지수를 추종하는 상품만을 의미합니다. 참고로 미국 전체 시장을 추종하는 ETF는 종목코드 VTI, S&P500지수를 추종하는 ETF는 SPY가 대표적입니다.

채권

앞서 주식은 회사의 규모를 키우고 자금을 수혈받기 위해 회사의 지분을 파는 것이라고 설명했습니다. 그런데 회사가 자금을 조달할 수 있는 방법은 주식발행 외에 채권을 발행하는 방법도 있습니다.

채권은 쉽게 말해서 내가 회사에게 돈을 빌려줬다는 것을 적은 일종의 차용증입니다. 회사는 채권을 팔아 필요한 자금을 공급받고, 약속된 만기가 되면 채권을 샀던 사람에게 원금에다 소정의 이자를 얹어서 돌려줍니다.

채권은 회사의 지분을 산 것이 아니기 때문에 주가가 폭락을 하든 말든 채권 구매자에게 미치는 영향이 없습니다. 대신 회사가 초대형 글로벌회사로 성장한다 해도, 그 회사의 지분을 산 것이 아니기 때문에 약속된 원금과 이자 외에는 추가적으로 떨어지는 콩고물도 없습니다. 대신 회사가 망해버리지 않는 한 약속된 원금과 이자를 받을 수 있으므로물론 회사가 대차게 망해버리면 원금 못 받습니다 통상적으로 주식보다 안전자산으로 인식됩니다.

채권은 주식회사뿐만 아니라 정부, 공공단체에서도 발행하는데, 당연히 회사보다는 정부에서 발행한 채권이 훨씬 안전하겠지요. 특히 초강대국 미국의 채권은 세계적으로 최상급 안전상품으로 인정받기 때문에 경제위기가 오면 찾는 사람이 많아져 가치가 올라갑니다. 미래의 경제위기로 인한 주식폭락이 걱정되는 투자자들은 투자자산에 채권을 섞기도 합니다.

펀더멘탈

주식시장에서 '펀더멘탈'이라는 단어는 참 많이 쓰입니다. 경제위기가 왔을 때 TV에 경제전문가가 출연해 "그래도 아직 우리 경제의 펀더멘탈은 튼튼하다"라는 말을 종종 하지요.

펀더멘탈의 사전적 의미는 '근본적, 기본적, 핵심적' 등이지만, 주식시장에서 쓸 때는 해당 기업의 본질적인 내재가치, 근본가치쯤으로 사용됩니다.

가령 주가가 정확히 형성된 회사가 있는데 1년 후 두 배로 성장하면 즉 펀더멘탈 두 배 성장 주가도 두 배가 되어야겠지요. 하지만 현실에서는 공포나 과열 때문에 실제 주가는 두 배보다 낮을 수도 높을 수도 있습니다. 이를 "주가와 펀더멘탈의 괴리가 생겼다"고 표현합니다.

펀더멘탈에 관한 아주 재밌고 유명한 비유가 있습니다. 유럽의 저명한 투자자 앙드레 코스톨라니는 주식시장을 '산책하는 개와 주인'으

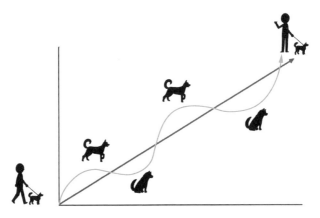

'산책하는 개'는 주가, '그 주인'은 펀더멘탈.
결국 개의 행보는 주인의 행보에 수렴한다.

로 비유했는데 주인은 펀더멘탈, 개는 주가에 해당합니다. 개가 주인
보다 앞서거니 뒤서거니 오른쪽으로 갔다 왼쪽으로 갔다 폴짝폴짝 뛰
어다닐 수는 있지만, 결국 장기적으로 개주가의 행보는 주인펀더멘탈의
행보에 수렴합니다. 즉 장기투자에 임할 분들은 일시적인 주가의 등락
을 두려워하지 않아도 됩니다.

[잠깐] 나의 단기투자 은퇴기

단기투자에 신중했으면 좋겠습니다. 단기투자를 아예 하지 말라는 것이 아니라, 단기투자가 적성에 맞지 않는 사람들은 빠져들지 않았으면 좋겠다는 의미입니다. 해본 사람은 알겠지만 단기투자를 제대로 하려면 어지간한 직장을 하나 다니는 만큼의 노력과 인내심 그리고 시간이 필요합니다.

제가 어떻게 아냐고요? 제가 7년 전에는 단타꾼이었기 때문입니다. 당시 저는 주식을 하루 보유하기도 답답해하는 초단기 투자자였습니다. 장세가 좋아 누구나 돈을 버는 줄도 모르고 예측의 신이라도 되는 양 교만했습니다. 거의 한 달 내내 하루도 빠짐없이 소액이나마 벌었던 것 같습니다.

그러던 어느 날, 바닥을 찍고 올라갈 날만 남은 듯한 종목을 발견한 후 그동안 모은 투자자금을 전부 투입했습니다. 그 후 11거래일 연속 혹독한 하락풍을 맞고 큰 손해를 보며 손절매를 했습니다.단기투자도 잘못 걸리면 장기투자보다 훨씬 따분하고 답답하다는 사실을 이때 깨달았습니다.

손해를 만회하기 위해 조바심은 더 커졌습니다. 초조해지다 보니 이전보다 더 공격적인 단기투자자가 되어갔습니다. 몇 달에 걸쳐 조금씩 손실을 만회했지만 대신 아름다운 계절의 변화도 못 보고, 친구들과의 즐거운 만남도 포기해야 했습니다. 인생을 갈아넣은 수익이었지요.

그러던 중 조만간 호재가 터질 것 같은 종목이 포착되어 자신 있게 투자자금을 밀어넣었는데, 그날 충격적인 뉴스가 발표되며 며칠 만에 20~30% 폭락을 맞았습니다. 심지어 그 회사에 다니고 있던 친구조차 본인 회사에 악재가 터질 줄 모르고 3일 전에 투자했다는 사실을 듣고는 할 말을 잃었습니다.

그 후 어느 날 주식을 잘 모른다며 코스피 인덱스펀드에만 틈틈이 월급을 떼어서 넣던 직장 동료의 수익률이 훨씬 좋은 것을 본 뒤, 저는 단기투자계를 완전히 떠났습니다.

여기서는 단기투자계를 떠난 후의 저의 투자현황을 공개하려 합니다. 전문투자자도 아닌 평범한 사람이다 보니 저의 투자현황을 공개하는 것에 대해 고민이 많았습니다. 혹여라도 독자들이 인덱스펀드에 대해서 섣불리 선입견을 가지게 될까 봐 걱정되었기 때문입니다. 하지만 인덱스펀드에 투자해보고 싶은 독자들에게 단순하고 우직한 투자의 결과를 직접 보여주는 것도 그 시작에 큰 도움이 될 수 있겠다는 생각에 공개를 결심했습니다.

오래전부터 개별주식 투자를 했지만 본격적으로 인덱스펀드라는 한 우물을 판 것은 2019년부터입니다. 3년간 예금으로 열심히 모은 돈을 모두 투입하며 2019년 5월부터 VTI 외길인생을 시작합니다. 그 이후로도 여유자금이 생길 때마다 VTI를 계속해서 매수했습니다.

누적수익률

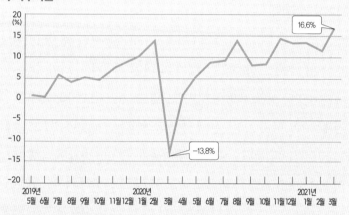

그래프를 보면 누적수익률은 2021년 기준 고작 15% 남짓입니다. 심지어 코로나19 위기 전부터 투자를 시작한 탓에 그 폭격을 그대로 얻어맞아 수익률이 마이너스인 때도 있었습니다. 꾸준히 올라서 그나마 최근에는 약 16.6%를 달성했습니다. 그래도 수익률이 너무 작아서 의아한가요?

그야 당연합니다. 누적수익률이라는 것은 제가 적립을 할 때마다 조금씩 떨어지니까요. 만약 1,000만원을 2,000만원으로 불려서 누적수익률 100%를 기록하던 사람이, 오늘 갑자기 목돈 5,000만 원이 생겨서 한꺼번에 집어넣는다면 하루 만에 누적수익률은 약 17%로 뚝 떨어집니다. 총 6,000만원을 투입하여 1,000만원을 번 셈이니까요. 이와 같이 적립식 투자자는 누적수익률 숫자 자체를 높이는 것이 어렵습니다. 하지만 누적수익률이 아닌 누적수익액을 보면 그래 프의 양상이 상당히 달라집니다.

나의 누적수익액

다음은 현재까지의 제 누적수익액을 100%로 봤을 때, 2019년부 터 어떤 추세로 증가했는지를 나타낸 곡선입니다. 가면 갈수록 제가 투입한 원금 자체가 커지다 보니 그 기울기도 가파릅니다. 전체적으로 꽤나 그럴듯한 우상향 곡선입니다. 2020년 3월 25일에 는 코로나19의 폭격으로 수익액 비율이 −23.0%까지 폭락했지만, 이때도 저는 VTI를 단 한 주도 매도하지 않고 묵묵히 가지고 있었고

누적수익액

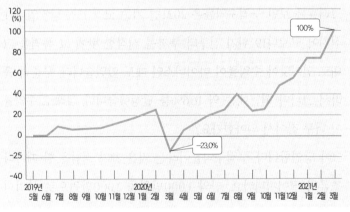

현재는 그 전보다 훨씬 가파른 우상향 곡선을 그리고 있습니다.

나의 월배당

VTI는 3개월에 한 번씩 배당을 지급하므로 이를 3으로 나누어 월평균 배당금으로 환산한 그래프입니다.

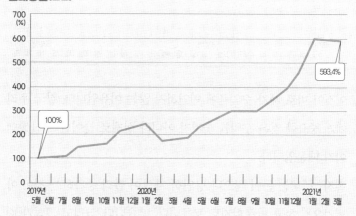

월배당금(환산)

월배당의 곡선도 꾸준히 안정적으로 우상향했습니다. 2019년 첫 월배당은 가족끼리 아기자기하게 외식 한 번 겨우 할 만큼의 금액이었지만, 지금은 그보다 훨씬 높아졌습니다.

나의 누적 자산총액

마지막으로 저의 누적된 자산총액입니다. 기분 좋은 완만한 우상향 곡선을 보입니다. 최초의 투입자금을 100%라 환산했을 때, 537.2%의 자산증가율을 기록합니다.

누적 자산총액

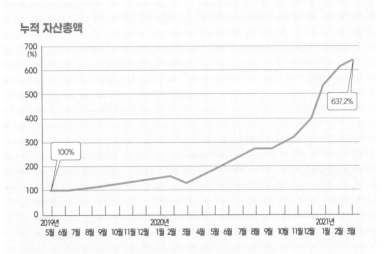

이것이 바로 제가 수익률에 연연하지 않는 이유입니다. 결국 우리에게 중요한 것은 수익률 숫자가 아니라 실제로 늘어난 자산총액이기 때문입니다.

혹자는 "넣는 돈이 많으니 당연히 자산이 빨리 증가하는 것이 아닌가요?" 하고 반문할지도 모릅니다. 맞습니다. 그리고 그렇기 때문에 인덱스펀드는 오히려 높이 평가받아야 합니다. 여기서 우리가 흔히 간과하는 자산 쌓기, 즉 예적금의 힘에 대한 이야기를 잠시 하겠습니다.

자산총액을 높이는 예적금의 힘

박경철의 『시골의사의 부자경제학』에는 다음과 같은 내용이 나옵니다.

"미국이나 우리나라나 지난 100년간 100만원을 투자해서 가장 큰 수익률을 올려준 투자수단은 복리예금, 채권, 부동산, 주식 순이다. 우리의 상식과는 다른 결과다."

또한 그는 2006년 7월 연합뉴스와의 인터뷰에서 다음과 같은 말을 한 바 있습니다.

"10년 동안 투자를 한다고 가정했을 경우 다른 해에 대박을 맞았다 하더라도 1~2년만 손실을 봐도 전체적인 수익률은 크게 떨어집니다. 반면 손실 없이 10년 동안 계속 이자율을 조금 넘는 수익만 올려도 누적수익률은 크게 올라갑니다. 이것이 복리의 힘이고 부자들의 경제학입니다. 따라서 투자자들은 큰 수익을 노리기보다는 시중금리를 약간 웃도는 수익률을 줄곧 얻는 것을 목표로 삼아야 합니다."

예적금에는 우리가 흔히 간과하는 숨은 위력이 있습니다. 바로 '투자의 구심점' 역할을 한다는 것이지요. 위험한 투자에 눈 돌리지 않고 예적금에 이 악물고 돈을 쏟아부을 때 자산 증가속도가 오히려 빠른 경우가 종종 있습니다. 확실하고 안전하며 노력의 결실이 바로 확인되니 확실한 동기가 부여되는 훌륭한 투자수단입니다. 저도 목돈을 마련하기 위해 3년간 이를 악물고 매달 수익의 절반 이상을 예적금에 쏟아부었을 때가 자산의 증가속도가 가장 빨랐던 시기 중 하나였습니다.

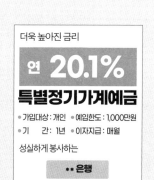

1978년 7월 마지막 20%대 예금 광고

이러한 예적금의 숨은 위력을 간과하고, 단지 낮은 이자율만 보고 예적금으로 자산을 증식한 사람을 폄하하는 것은 투자의 근본목적을 간과하는 것이지요. 우리는 자산을 늘리기 위해 투자를 하는 것이지, 높은 수익률을 기록하기 위해서 투자를 하는 것이 아니니까요.

다만 이제는 과거 같은 고금리는 꿈도 못 꾸는 저금리 시대가 되었다는 것이, 우리가 예적금을 떠나 다른 투자의 길을 찾는 이유일 것입니다.

새로운 구심점을 찾아서

앞서 설명했듯이 예적금은 자산 쌓기의 훌륭한 구심점이 될 수 있지만, 금리가 매우 낮다는 단점이 있습니다.

그렇다면 부동산은 어떨까요? 아쉽지만 부동산은 소액의 여유자금이 생길 때마다 자유롭게 적립하기 어렵다는 단점이 있습니다.

그렇다면 남는 것은 주식인데요. 일단 급등락이 심한 주식은 장기적으로 단단한 구심점이 되기 어렵습니다. 운 좋게 한 달 후에 급등할 주식종목을 발굴하여 현재의 여유자금을 넣어도 앞으로의 여유자금을 꾸준히 적립하기는 어렵습니다. 결국 그때마다 새로운 종목을 또다시 발굴하거나 그렇지 못할 시에는 여유자금을 묵혀놓을 수밖에 없지요.

그렇다면 앞으로도 탄탄하게 성장할 삼성전자와 같은 시가총액 1위 기업에 장기적으로 적립하는 것은 어떨까요? 문제는 시가총액 1위라고 해서 앞으로의 미래를 확답할 수는 없다는 것입니다.

주식시장 시가총액 순위

2018년은 12월 24일 종가 기준(단위: 조원) | 출처 : 한국거래소

순위	1997년		2000년		2005년		2007년		2011년		2015년		2016년		2018년	
1	한국전력	9.9	삼성전자	23.9	삼성전자	97.1	삼성전자	81.9	삼성전자	155.8	삼성전자	185.6	삼성전자	253.5	삼성전자	231.6
2	포항제철	4.3	SK텔레콤	22.6	국민은행	25.7	POSCO	50.1	현대차	46.9	현대차	32.8	SK하이닉스	32.5	SK하이닉스	44
3	삼성전자	3.7	한국통신공사	20.9	한국전력	24.2	현대중공업	33.6	POSCO	33.1	한국전력	32.1	현대차	32.2	셀트리온	26.4
4	SK텔레콤	2.8	한국전력	12.1	현대차	21.3	한국전력	25.4	현대모비스	28.4	삼성물산	26.6	한국전력	28.3	현대차	26.3
5	대우중공업	1.7	포항제철	7.4	POSCO	17.6	국민은행	23.2	기아차	26.9	아모레퍼시픽	24.2	현대모비스	25.7	LG화학	25.2
6	현대전자	1.2	국민은행	4.5	우리금융	16.2	신한지주	21.2	LG화학	21	현대모비스	24	NAVER	25.5	삼성바이오로직스	23
7	데이콤	1.2	담배인삼공사	3.6	하이닉스	15.8	SK텔레콤	20.2	현대중공업	19.5	SK하이닉스	22.4	삼성물산	23.8	SK텔레콤	22.3
8	LG반도체	1.2	기아차	3.2	LG필립스LCD	15.4	LG필립스LCD	17.7	신한지주	18.8	삼성생명	22	삼성생명	22.5	POSCO	21.7
9	LG전자	1.1	주택은행	3.1	SK텔레콤	14.9	SK에너지	16.5	한국전력	16.4	LG화학	21.8	POSCO	22.5	한국전력	21.2
10	유공	1	현대차	2.8	신한지주	14.7	현대차	15.7	삼성생명	16.2	NAVER	21.7	신한지주	21.5	KB금융	20.4

지금이야 삼성전자가 장기투자의 상징과 같은 지위를 갖고 있지만, 1990년대만 해도 시가총액 1위의 이른바 '배신하지 않는 국민 주식'은 한국전력이었습니다. 1997년 당시 시가총액 3위인 삼성전자를 무려 2~3배 차이로 압도했습니다. 하지만 2000년대 들어 순위가 떨어지기 시작하고, 심지어 2005년에 투자했을 경우 13년간 장기투자를 해도 약 12%의 손실을 볼 지경이었습니다. 현재2021년 4월 기준는 시가총액 20위권에서도 이탈한 상태입니다. 이와 같이 개별종목으로 한정할 경우 장기간 적립식으로 투자할 대상을 찾기는 매우 어렵습니다. 하지만 이 책을 읽은 독자분들이라면 정답을 이미 알고 있겠지요.

자산의 빠른 증가는 결코 수익률만으로 이루어지는 것이 아닙니다. 단단한 구심점을 찾아서 쌓고 덧붙이는 노력이 동반되어야 합니다. 그런 점에서 인덱스펀드는 장기 적립식 투자를 위한 최적의 구심점이 될 수 있습니다.

[잠깐] 이제는 이성을 되찾을 시간

그동안 내내 인덱스펀드에 대한 예찬만 해왔으니, 책을 마무리하기 전에 한 번쯤 냉정해지는 시간을 가져보려 합니다.

인덱스펀드는 무적이 아니다

세상 모든 투자법이 그렇듯이 인덱스펀드 역시 무적의 투자법은 아닙니다. 초강대국인 미국의 인덱스펀드조차도 1929년 대공황, 2000년 초 IT버블 붕괴, 2008년 글로벌 금융위기, 2020년 코로나19 위기 등 굵직굵직한 역사적인 대위기 속에서는 어둠의 터널을 걸어야 했습니다.

아주 오래전의 과거에는 금융 시스템이 제대로 정착하기 전이라서 주식시장이 무너질 수 있다고 쳐도, 21세기에 들어서 2000년 3월부터 2012년 9월까지 이어진 기나긴 횡보장은 변명의 여지가 없습니다. 약 12년간인 이 시기의 S&P500지수를 살펴보면 1600

포인트를 넘어서지 못하는 박스권에 갇혀 있습니다.

S&P500지수로 보는 횡보장

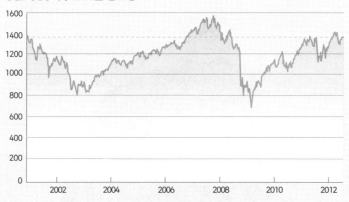

하지만 이는 부동산 등 다른 자산에 투자를 한다고 해서 쉽게 피할 수 있는 것이 아닙니다. 대표적인 안전자산으로 꼽히는 서울 아파트 역시 시기를 잘못 만나면 10년 가까이 횡보했다는 것을 알수 있습니다. 특히 인덱스펀드 횡보장과 시기가 겹치는 2008년

정권별 서울 아파트 평당 시세　　　　　　출처 : 경제정의실천시민연합

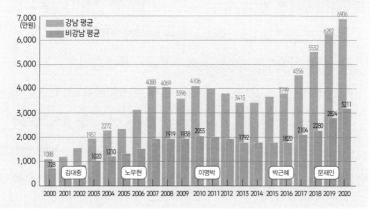

금융위기 때는 어디에 투자를 했어도 그야말로 인고의 세월을 버
텨야 했을 것입니다.

투자의 세계에는 반드시 겨울이 온다

이 세상은 수많은 변수가 나비효과를 일으키는 예측불가의 카오
스입니다. 많은 이들이 간과하지만 사실 위기는 예측할 수 없습
니다. 세상 어느 누가 9·11테러나 코로나19 위기를 예측했겠습니
까? 위기는 예측한 순간 이미 위기가 아니지요.

우리는 투자를 할 때 위기는 피할 수 없다는 것을 인정하고 잘
극복하는 것에 초점을 맞춰야 합니다. 세계 최대 헤지펀드의 창
립자이자 금융계의 스티브 잡스라 불리는 레이 달리오는 "금융계
에도 사계절이 있으며 그 예측은 거의 불가능하다"고 했습니다.
우리는 투자를 할 때 겨울도 반드시 온다는 사실을 받아들여야
합니다. 겨울에 일말의 추위도 허용하지 않으려다가는 난방병에
걸리기 십상입니다. 마찬가지로 어느 정도의 위기는 있을 수 있음

을 인정하고 그 속에서 단련하며 봄을 대비하는 것이 현명한 자세입니다.

예금보다 높은 수익을 찾아서

다시는 일어나지 말아야 할 비극 9·11테러는 누구도 예상치 못한 대사건이었습니다. 당시 코스피지수는 역대 최대인 12.02% 하락 폭을 기록합니다.미국은 주식시장을 아예 일주일간 열지도 않았습니다.

당시 894개의 코스피 종목 중 844개약 94%가 하락했고, 무려 621개약 69.5%가 하한가를 기록했습니다. 이날 코스피 인덱스펀드는 큰 폭으로 하락했지만, 만약 개별주식에 투자했다면 굉장히 높은 확률로 훨씬 더 큰 하락풍을 맞았으리라는 것을 알 수 있습니다.

혹자는 약 100년 전의 대공황, 프랑스 대혁명 등의 역사적 대폭락까지 언급하며 자산 포트폴리오에 채권, 금, 원자재 등을 골고루 섞으라고도 하지만, 사실 정답을 정하기는 어렵습니다.

겨우 70여 년 전의 한국전쟁 같은 것만 다시 터져도 주식, 채권, 부동산, 예금 등이 무슨 의미가 있겠습니까? 그렇다고 전쟁 걱정에 미리 최남단 땅에 벙커를 마련하여 금덩이와 비상식량을 비축하고 있는 것도 참 비효율적이겠지요.

그리고 사실 무적의 포트폴리오는 이미 우리 가까이 존재합니다. 바로 예금이지요. 예금이야말로 0~2%의 수익률을 거의 100%의 확률로 올릴 수 있는 포트폴리오입니다.

하지만 이미 이 책을 읽고 있는 독자라면 아마도 '최남단 벙커'나

예금에 만족하지 않고 어느 정도 손실을 감내하더라도 중수익 이상을 목표로 할 것입니다.

효율적인 자산배분

다시 말하지만 사람마다 위험을 감내하는 성향이 다르게 때문에 자산배분 비율의 정답은 없습니다. 다만 인덱스펀드의 창시자인 존 보글은 오랜 기간에 걸쳐 자산 축적을 목적으로 하는 젊은이 들은 주식의 비중을 높이고, 노년층은 주식의 비중을 낮추는 것을 추천했습니다. 그의 저서 『모든 주식을 소유하라』에서 제안한 구체적인 내용은 다음과 같습니다.

- 채권의 비율 : 자신의 나이 %
- 주식의 비율 : 100 – 자신의 나이 %

참고로 채권은 대표적인 안전자산 중 하나입니다.단, 존 보글이 말하는 채권 역시 미국 전체 채권시장 지수를 추종하는 채권 인덱스펀드를 의미합니다. 종목코드는 BND입니다. 존 보글의 권유대로 자산을 배분한다면 25세의 젊은이는 자산의 25%를 채권에, 나머지 75%를 주식에 투자하는 것이 좋습니다. 하지만 그는 다음과 같은 말을 덧붙입니다.

- 투자 기간을 길게 보면서 주기적인 시장 붕괴 상황에 크게

개의치 않을 정도로 투지와 배짱이 있는 투자자는 인덱스 펀드의 비율을 100%로 하는 것이 가장 좋은 선택지일 수 있다.

- 투자 기간이 짧거나 심리적으로 너무 불안한 소심한 투자 자라면 주식과 채권의 비율을 60:40으로 하는 것이 좋을 수 있다.

단, 이 비율은 미국인을 기준으로 한 의견이다 보니 환율의 영향을 받는 한국인 입장에서는 개개인의 상황에 따라 본인만의 배분 비율을 따로 연구해봐야 할 것입니다.

참고로 저는 투자 기간을 장기적으로 보고 50%의 손실까지도 감내할 각오가 되어 있기 때문에 주식의 비율을 100%에 가깝게 두고 있습니다.

주식을 처음 해본다면 어디서부터 어떻게 시작해야 할지 막막할 것입니다. 주식 계좌 만들기부터 MTS 설치, 증거금률, 예수금 등에 대해 알아봅시다. 주식 계좌에 돈을 넣고 빼는 법에서 세금 내는 법까지 자세히 설명하니 겁 먹지 말고 따라오세요. 깜짝 놀랄 만큼 쉽습니다.

실전 투입

VTI 매수 과정 따라하기

주식계좌 개설 및 MTS 설치

주식을 거래하기 위한 프로그램에는 PC를 이용한 HTSHome Trading System와 스마트폰을 이용한 MTSMobile Trading System가 있습니다. 편의성 측면에서야 HTS가 MTS를 따라갈 수 없겠지만 차트, 시세 등을 시시각각 체크하고 빠르게 단타매매를 할 사람들에게는 HTS가 유리합니다. 하지만 인덱스펀드 투자를 할 사람들은 복잡한 기능이 필요 없기 때문에 MTS로도 충분합니다. 따라서 가장 많은 사람들이 사용하는 키움증권의 MTS로 VTI를 매수하고 관리하는 과정을 알아봅시다.

MTS의 기능은 셀 수도 없이 많지만, 다행히도 이 책의 내용에 공감하는 투자자들은 그 수많은 기능을 모두 알 필요는 없습니다. 실제로 제가 이용하는 기능 위주로 소개할 텐데, 이 정도만 알아도 인덱스펀드 장기투자자들은 사용에 불편함을 못 느낄 것입니다.

비대면으로 쉽게

일반 은행계좌로는 직접 주식투자를 할 수 없고 주식계좌를 따로 만들어야 투자금을 입금하고 주식거래를 할 수 있습니다. 주식계좌는 직접 증권사에 가서 개설할 수도 있지만, 스마트폰으로도 간편하게 만들 수 있는데 이것을 '비대면 계좌개설'이라고 합니다.

비대면 계좌는 오프라인에서 입금이 어렵다는 단점이 있지만, 계좌개설이 간편하고 수수료 할인 등 각종 혜택이 풍성한 장점이 있습니다. 따라서 이 책에서는 비대면 계좌를 중심으로 설명하겠습니다.

① 키움증권 계좌개설 앱을 설치하고 실행하세요. 다른 증권사를 이용하고 싶다면 그 증권사의 계좌개설 앱을 설치하면 됩니다. 계좌개설 및 거래는 증권사마다 크게 다르지 않습니다. 이 책의 설명을 잘 보면 다른 증권사 앱도 잘 사용할 수 있을 것입니다.

② 계좌개설 앱을 설치하고 실행하면, 다음과 같은 화면이 뜨는데 [계좌개설 시작하기]를 누릅니다.

③ 계좌개설을 위해 준비해야 할 것을 알려주는 화면이 나옵니다. 휴대폰, 신분증, 은행 또는 증권사 계좌를 준비하라고 나오는데, 이때 말하는 계좌는 기존에 가지고 있는 계좌로 뒤에 본인 확인 절차에서 필요합니다.

④ 약관 및 개인정보 수집에 동의하고 휴대폰 인증을 마치면, 자금원천 및 계좌개설 목적 등을 묻는 설문이 나옵니다. 해당 설문에 답변한 후 [다음]을 누르세요.

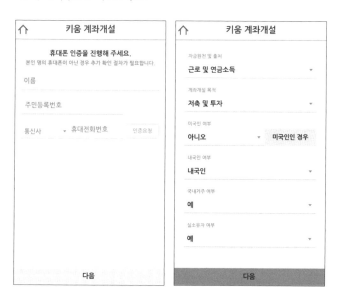

⑤ 계좌개설 목적이 집금거래인지 묻는 화면이 나옵니다. 여기서 집금거래는 주식계좌 본연의 목적에서 벗어나서 가상통화 거래 등 다른 목적으로 돈을 모으는 행위를 의미합니다. '집금거래 목적 아님'을 선택해야 다음으로 넘어갈 수 있습니다. 나머지 휴대폰번호, 이메일 주소 등을 입력한 후 [다음]을 누르세요.

⑥ 거래할 상품을 선택하는 화면입니다. 우리는 해외 주식을 매매할 것이므로 해외 주식이 포함된 '종합'을 선택하고 계좌 비밀번호를 설정 후 [다음]을 누르세요.

⑦ 금융거래 목적 확인서를 읽고 [예]를 선택한 후 다음 단계로 넘어가면, 출금계좌를 입력하는 화면이 나옵니다.

여기서 유의할 점은 이때 입력한 계좌가 1차적으로 출금계좌로 등록된다는 점입니다. 주식계좌는 입금절차는 간단하지만, 보안상의 이유로 출금절차는 까다롭기 때문에 잘 생각해서 본인이 사용하기 편한 계좌를 입력해야 합니다. 출금계좌 설정이 끝났으면 [다음]을 누르세요. 주식계좌의 입출금 절차는 233쪽에서 설명할 예정입니다.

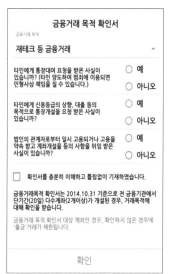

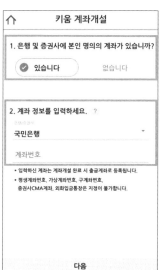

⑧ 신분증 확인절차를 위해 신분증을 촬영합니다. 그 후 '1원 입금 확인'과 '영상통화' 중에서 선택해 본인 확인을 합니다. 영상통화 방식은 평일 오전 8시 30분에서 오후 9시에만 이용 가능하므로, 24시간 이용 가능한 [1원 입금 확인]을 선택한 후 〈다음〉을 누르세요.

⑨ 앞서 입력했던 출금계좌로 키움증권에서 1원을 송금해줍니다. 그 계좌를 확인해보면 입금자명이 '키움255' 등으로 되어 있을 것입니다. '키움' 뒤의 세 자리 숫자를 인증번호란에 입력하세요. 여기서는 255를 입력하면 되겠지요.

이제 [확인]을 누르면 비대면 계좌개설이 완료됩니다. 그 후 ID 등록창이 뜨는데 이때 ID를 만들어 놓으면 추후 주식거래 시 편리합니다.

MTS 설치하기

① 이제 VTI와 같은 해외 주식을 거래하기 위해 MTS를 설치해봅시다. 여기서는 앞서 만든 주식계좌를 사용하기 위해 키움증권의 MTS를 설치하겠습니다.

해외 주식을 거래하기 위해서는 그냥 '영웅문s'가 아니라 '영웅문s 글로벌' 앱이 필요합니다.

② 영웅문s글로벌을 설치 후 우측 상단의 사람 모양 아이콘을 누르면
로그인을 할 수 있습니다.

③ 생체인증 등록이 안 된 분들을 위해 가장 일반적인 로그인 방식을
설명할게요. [다른 로그인 방식 선택] → [인증센터]를 클릭하세요.

앞서 만든 ID만으로도 로그인은 가능하지만, 인증서가 없다면 매매기능을 사용할 수 없고 시세조회 등 일부 기능만 사용할 수 있습니다. 따라서 최하단의 [인증센터]를 눌러 인증서를 등록해야 합니다. 이때 인증서는 '은행거래용'이 아닌 '증권/보험용'을 등록해야 하는데, 여기서는 주식거래가 처음인 분들을 위한 설명이니 '증권/보험용' 인증서가 없다고 가정하고 인증서 발급받는 방법을 설명하겠습니다.

④ 공동인증 화면이 열리면 [인증서 발급/재발급] 메뉴를 선택합니다.

⑤ 인증서 발급기관을 선택하는 화면이 나옵니다. 이왕이면 비용이 없는 것이 좋으니 여기서는 [코스콤]을 선택하고 [인증서 발급하기]를 누르겠습니다.

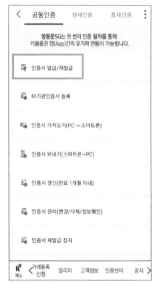

⑥ 약관 및 이용동의 화면이 나오면, 이용약관 및 동의를 모두 선택한 후 다음으로 넘어갑니다.

⑦ 그 후 고객정보를 입력하는 화면이 나옵니다. 계좌개설을 하면서 만들었던 ID와 비밀번호, 주민등록번호를 입력한 후에 [확인]을 누르면 추가로 입력할 정보란이 뜹니다.

추가 입력 정보란은 계좌개설 은행과 은행 계좌번호를 적게 되어 있습니다. 이때 '계좌개설 은행'이란 해당 주식계좌를 개설한 은행을 묻는 것입니다.

여기서는 은행에 가서 만든 것이 아닌 증권사 앱에서 비대면으로 계좌를 만들었으므로 따로 없습니다. 따라서 이곳에는 앞서 주식계좌 개설 시 '1원 입금 확인'을 할 때 입력했던 출금은행과 계좌번호를 적으면 됩니다. 그 후 〈다음〉을 누르세요.

⑧ 휴대폰 인증까지 마치면, 인증서의 비밀번호를 설정하는 화면이 뜹니다. 마지막으로 [인증서 발급하기]를 누르면 인증서 발급이 완료됩니다.

⑨ 추가로 '지문 인증'을 등록해달라는 화면이 뜹니다. 필요에 따라 [등록하러 가기]나 [닫기]를 누릅니다. 이제 인증서 로그인을 선택하면 주식 매매를 포함한 출금 등 MTS의 모든 기능을 사용할 수 있습니다.

MTS 사용법

VTI 등 해외 주식 거래를 위해 MTS 프로그램을 실행해 사용하는 방법을 살펴보겠습니다. 참고로 기능 사용법이 기억나지 않을 경우, MTS 화면 상단의 [돋보기] 아이콘을 눌러 검색해 해당 메뉴를 찾아가면 편리하게 이용할 수 있습니다.

주식계좌로 입금하기

주식투자는 주식계좌에 입금한 돈으로만 할 수 있습니다. 앞의 순서를 잘 밟았다면 성공적으로 8자리의 숫자를 가진 키움증권 계좌번호가 생성되었을 것입니다.

주식계좌에 입금하는 절차는 매우 간단합니다. 8자리 계좌번호로 평소 일반 은행 거래하듯이 똑같이 송금하면 됩니다. 다만 비대면 계좌를 개설하면 ATM 등 오프라인에서의 송금은 어렵습니다.

주식계좌에 돈이 입금되면 주식을 매매할 수 있게 됩니다. 뒤에서 VTI를 실제로 매수하는 과정을 보여드릴 예정이니, 지금 주식계좌에 돈을 입금해놓으면 좋습니다.

주식계좌에서 출금하기

입금은 굉장히 간단하지만, 출금은 보안 및 해킹방지 때문에 조금 까다롭습니다.

기본적으로 주식계좌에서 다른 은행으로의 출금은 '연계은행'으로 등록된 계좌로만 가능합니다. 우리가 앞서 비대면 계좌를 만들며 '1원 입금 확인' 때 입력했던 출금계좌가 연계은행으로 자동으로 등록되어 있습니다.

① MTS 화면에서 [전체 메뉴] → [업무] → [출금]을 선택하세요.

② 화면 중간쯤 보이는 '연계은행'이 우리가 앞에서 '1원 입금 확인'을 했을 때 입력했던 출금계좌입니다. 이 연계은행 계좌로는 자유롭게 출금을 할 수 있습니다.

③ 만약 다른 은행의 계좌도 출금계좌로 추가하고 싶다면 지정계좌 등록을 하면 됩니다. 맨 위의 작업표시줄을 옆으로 넘기면 [지정계좌]라는 메뉴가 나옵니다.

이 메뉴를 눌러 출금가능 계좌를 추가할 수 있는데, OTP 이용등록을 해야 하는 등 번거로운 절차가 있어서 저는 쓰고 있지 않습니다.

미국 주식거래를 위해 환전하기
feat. 원화주문 서비스

미국 주식투자를 시작하면 가장 부담스럽고 번거롭게 여겨지는 것이 환전입니다. 하지만 영웅문s글로벌은 '원화주문'이라는 매우 유용한 서비스를 제공합니다. 참고로 다른 증권사 MTS 프로그램도 이와 비슷한 기능이 있습니다.

원화주문 서비스를 사용하면 미국 주식의 실시간 시세가 원화로 환산되어 나타나고, 매수를 할 때도 원화로 주문하면 자동으로 환전되며, 잔고도 원화로 환산되어 표시되는 등 국내 주식거래하는 것과 거의 차이가 안 느껴질 정도로 편리합니다.

심지어 일일이 환전할 때와 달리 원화주문 서비스를 이용하여 주식을 매수하면 환전수수료도 면제됩니다. 단, 미국 주식을 매도하거나 배당이 지급되면 달러로 들어오는데, 이 달러를 원화로 환전할 때에는 환전수수료가 붙습니다.

환전수수료 때문에 환율이 낮을 때 달러를 많이 사 두고, 환율이 높을 때 원화로 환전하는 전략을 구사하는 사람들도 있을 것입니다. 하지만 저는 환율은 예측이 불가능하며, 장기투자자에게는 환율변동이 수익률에 큰 차이를 불러온다고 생각하지 않습니다. 때문에 실시간으로 자동환전이 되는 이 원화주문 서비스를 추천합니다.

원화주문 서비스 원리 알아보기

원화주문 서비스를 이용할 때 간혹 당황할 수 있는 부분이 있어 그 원리를 설명하려고 합니다. 꼭 완벽히 이해하지 않아도 되는 부분이니 부담 없이 읽으면 됩니다.

① 오후 7시 30분 이후부터는 계좌에 있는 원화가 원화주문 설정금으로 지정됩니다. 환전을 위한 대기자금으로 준비에 들어가는 절차라고 생각하면 됩니다. 때문에 이 시간 이후에는 원화예수금이 0원으로 표시되니 놀랄 필요 없습니다.

② 임시로 5% 정도 더 비싼 환율로 가환전이 됩니다. 따라서 실제 가용금액매수가능 금액은 계좌에 있던 원화의 95%입니다. 다시 말해 환율의 급변동에 대비하여 5% 정도는 예비 보증금처럼 임시로 떼어놓는 것이지요. 물론 차액은 다음 날 오후 4시경에 정확히 정산되어 입금됩니다.

③ 이제 원화로 표시된 주식을 국내 주식처럼 자유롭고 편하게 거래할 수 있습니다. 쓰고 남은 금액은 임시 가환전율로 환전되어 다음 날 오전 6시 30분경에 계좌로 다시 입금됩니다. 최종 환율로 정산된 차액은 오후 4시경에 정산되어 2차로 입금됩니다.

④ 만약 계좌에 이미 달러가 있다면 매수 시 이 달러가 우선적으로 사용됩니다. 결론적으로 원화환전 서비스는 사용방법이 매우 간단하

고 계산은 정확하게 이루어지니 걱정하지 말고 이용하면 됩니다.

원화주문 서비스 신청하기

① [전체 메뉴] → [해외 주식] → [원화주문 신청/해지]를 차례대로 선택하세요.

② 신청 화면이 나오면 유의사항과 설명서에 [예]를 체크하고 [원화주문 신청]을 누르면 신청이 완료됩니다.

[잠깐] 배당금이 달러로 들어왔는데, 어떻게 환전하죠?

원화로 미국 주식을 매매할 때는 원화주문 서비스를 이용하여 별도의 환전이 필요 없지만, 만약 내가 기존에 가지고 있던 달러 나 배당을 받아서미국 주식의 배당은 달러화로 지급됩니다 통장에 있는 달러를 사용할 때는 직접 원화환전이 필요합니다. 이번에는 직접 환전하는 방법을 알아봅시다.

① [전체 메뉴] → [업무] → [외환환전]을 차례대로 선택하세요.

② '외화환전'창이 열리면 필요한 금액만큼 환전금액을 설정한 다 음 [환전실행]을 누릅니다.

이때 화면을 보면 '적용환율' 항목이 '가환율'이라고 되어 있을 때가 있는데, 이는 현재 은행업무 시간이 아니기 때문입니다.

은행업무 시간이 아닌 경우에는 환율의 급작스런 변동에 대비하여 5% 정도 더 비싼 가환율로 환전을 한 후, 다음 날 은행업무가 개시될 때 정산해서 차액을 정확히 입금해줍니다.

③ 은행업무 시간이 아니라서 가환전을 하면 잠시지만 5% 더 비싸게 환전하다 보니 매수 가용금액이 줄어들겠지요? 은행업무 시간에 환전하면 '고시환율'로 환전이 되기에 최대한의 원화를 바로 확보할 수 있습니다.

[잠깐] 내가 가진 달러, 주식계좌로 입금하려면

기존에 달러를 가지고 있었다면 별도의 환전 없이 바로 주식계좌로 입금할 수 있습니다. 일반적인 방법으로는 주식계좌에 달러를 바로 입금할 수 없고, 영웅문s글로벌에서 '외화 가상계좌'를 생성한 후 그 가상계좌 번호로 입금하면 됩니다.

① [전체 메뉴] → [업무] → [외화 가상계좌 등록/해지]를 차례대로 선택하세요.

② 외화 가상계좌 등록/해지 화면이 열리면 신청에 필요한 영문 이름 등을 입력하고 [확인]을 누르세요. 그러면 외화 가상계좌 번호가 생성됩니다.

단, 키움증권에서는 기본적으로 국민은행 계좌로 생성되기 때문에 달러가 들어 있는 외화통장도 국민은행이면 더 편리하겠지요.

③ 이제 생성된 외화 가상계좌 번호로 달러를 송금하면 별도의 환전 없이 바로 해외 주식 매수에 이용할 수 있습니다.

증거금률과
예수금 알아보기

증거금이란 주식을 매수할 때 필요한 보증금 같은 개념입니다. 증거금률은 주식을 매수할 때 내가 계좌에 보유하고 있어야 하는 금액의 비율을 뜻합니다. 예를 들어 어떤 주식의 증거금률이 40%라면, 현재 내 계좌에 40만원만 들어 있어도 이 주식을 100만원어치 살 수 있다는 뜻입니다.

물론 며칠 안에 나머지 60만원이 빠져나가니 그 전에 계좌에 해당 금액을 미리 채워놓아야 됩니다. 쉽게 말하면 일종의 '빚투'인 것이지요. 키움증권에서는 '글로벌 스펙트럼'이라는 이름으로 몇 가지 우량종목에 한해 증거금률 50% 서비스를 제공합니다. 즉 절반을 빚 내서 주식을 매수할 수 있는 것입니다.

안정적으로 장기투자를 할 사람은 증거금률을 100%로 설정하는 것이 좋습니다. 저도 증거금률을 100%로 설정하고 있는데 설정방법을 알아봅시다.

증거금률 100%로 설정하기

① [전체 메뉴] → [업무] → [해외 주식업무] → [글로벌 스펙트럼]을
   차례대로 선택하세요.

② 글로벌 스펙트럼 화면이 열린 후 미국거래소 항목이 '스펙트럼 증거
   금'으로 되어 있다면, 아래 [증거금률 변경 등록]으로 가서 '100%
   증거금'으로 바꾸고 변경 등록하면 완료됩니다.

예수금 체크하기

예수금이란 주식계좌에 들어 있는 현금 자체를 의미합니다. 다만 주식
은 결제방식이 특이하기 때문에 다소 헷갈릴 수 있습니다.

　주식은 내가 매매를 하는 순간 실제 결제가 이루어지는 것이 아닙
니다. 전산상의 숫자만 왔다갔다 할 뿐이고, 실제 결제는 며칠 후에 이
루어집니다. 미국 주식의 경우에는 영업일 기준 3일이 지나야 결제가

이루어집니다.흔히 D+3이라고 표기합니다.

예를 들어 내가 오늘 미국 주식 100만원어치를 팔아도 실제로 인출할 수 있는 것은 3일의 영업일 후입니다.다만 현지 사정으로 지연이 생길 수 있으니 급전이 필요할 때는 더 여유 있게 거래하는 것이 좋습니다.

반대로 오늘 100만원어치 주식을 샀다가 곧바로 다시 전부 팔아서 현금화한 경우도, 오늘은 인출이 불가능하고 3영업일 후 가능합니다. 대신 당장 인출만 불가능할 뿐 전산상의 기록은 남아있기에 다른 주식을 샀다 팔았다 하는 것은 얼마든지 가능합니다.

결론적으로 우리의 실질적인 보유금액은 3영업일 뒤에 반영되기 때문에 D+3 부분의 예수금만 체크하면 된다는 뜻입니다. 그림으로 직접 보면 이해가 쉬울 것입니다.

① [전체 메뉴] → [해외 주식] → [계좌] → [예수금 상세]를 차례대로 누르면 예수금 상세 화면이 열립니다.

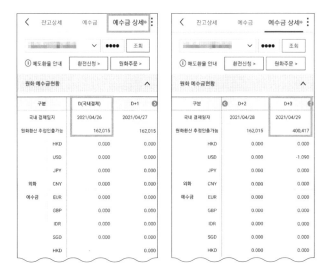

② 그림은 여러분의 이해를 돕기 위해 제가 주식계좌에 40만원 정도를 넣은 후 24만원 상당의 주식을 매수했다가 곧바로 매도한 후의 예수금 상태입니다.

③ 복잡해 보이지만, 우리가 눈여겨볼 부분은 '원화환산 추정인출 가능' 부분뿐입니다. 왼쪽 그림을 보면 주식을 샀다가 곧바로 다시 매도했음에도 불구하고 '원화환산 추정인출 가능' 금액은 당일D 기준 16만 2,015원입니다. 이는 24만원이 보증금 방식으로 빠져나가는 바람에 인출이 불가능한 것입니다.인출만 불가능할 뿐 다른 주식을 40만원 한도에서 거래하는 것은 얼마든지 가능합니다.

이때 옆으로 이동해 실제 결제가 이루어지는 3영업일이 지난 것을 의미하는 D+3을 보면 다시 40만 417원으로 회복되어 있는 것을 볼 수 있습니다. 3영업일이 지난 후인 이때에는 인출이 가능합니다.

즉, 일시적으로 D, D+1, D+2의 예수금이 줄어도 크게 걱정할 필요 없으며, 돈이 필요해 인출해야 할 경우는 최소 3영업일의 여유를 두는 것이 필요합니다.

[잠깐] 해외증권 위험고지

해외 주식을 처음으로 주문하려고 하면 '해외증권 위험고지를 확인하셔야 주문이 가능합니다'라는 안내창이 뜹니다. 쉽게 말하면 해외투자는 국내투자와 다른 변수가 많아 위험할 수 있으니 동의서를 읽고 동의하라는 것입니다.

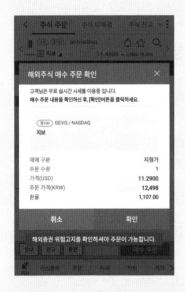

[전체 메뉴] → [업무] → [거래등록신청] → [위험고지 등록]을 차례대로 선택하고 모두 동의를 누르면 해외 주식 주문을 할 수 있습니다.

드디어 VTI 주문하기

샀다, VTI

이제 준비 단계를 모두 마쳤고 VTI를 실제로 사봅시다. 앞서 이야기한 순서대로 주식계좌에 돈을 입금해놨고, 원화주문 서비스를 신청해놨다면 전혀 어려울 것이 없습니다.

① [전체 메뉴] → [해외 주식] → [주문] → [주식 주문]을 누르세요.

② 주식 주문 초기창이 열립니다. 우측 상단의 [돋보기] 아이콘을 눌러 'VTI'를 입력해 선택합니다.

주식 주문창을 보면 아주 복잡해 보이지만 전혀 어렵지 않습니다. 화면의 왼쪽을 보면 큰 숫자가 달러 호가인데, 우리는 '원화주문' 서비스를 신청해서 원화로 자유롭게 매매할 수 있는 상태이기에 아래의 작은 글자로 원화 가격도 나옵니다.

위의 다섯 개 호가는 누군가가 팔려고 제시한 가격이고, 아래의 다섯 개 호가는 누군가가 사려고 제시한 가격입니다. 당연히 팔려는 사람은 비싸게 부르고, 사려고 하는 사람들은 싸게 부르겠지요.

③ [종류] 항목 옆의 탭을 누르면 '지정가, 시장가, AFTER지정, LOC, VWAP' 등 매매법 목록이 나타납니다. 인덱스펀드에 투자할 경우 복잡한 매매법을 모두 알 필요는 없고, 지정가와 시장가만 알아도 충분합니다. 지정가란 말 그대로 내가 살 가격을 지정하는 것이고, 시장가는 그냥 시장에서 형성되는 가격 그대로 사겠다는 것이죠.

거래량이 적은 주식이라면 시장가로 매매했다가 운 나쁘게 높은 가격에 거래가 체결될 수도 있지만, VTI처럼 전 세계 시가총액 순위 다섯 손가락 안에 드는 ETF는 전 세계의 수많은 사람들이 엉겨붙어 자연스럽게 합리적인 가격이 형성됩니다. 따라서 저는 시장가로 빨리 거래를 체결해버리는 것을 선호하기도 합니다.

④ 매수할 수량을 지정하세요. 그런 다음 옆의 [가능] 탭을 누르면 10%에서 100%까지의 목록이 나타납니다. 선택 비율에 따라 내가 가지고 있는 금액의 비율만큼 살 수 있는 주식수를 자동으로 계산해줍니다.

예를 들어 내가 1,000만원을 계좌에 입금한 후 [가능] 탭에서 50%를 선택하면, 500만원 내에서 최대한 구매할 수 있는 VTI의 수량을 자동으로 계산해줍니다. 이제 [매수 주문]을 누르면 드디어 주식을 산 것입니다.

⑤ 매도의 경우도 크게 다르지 않습니다. 역시 주문의 종류는 지정가, 시장가만 알아도 충분합니다.

그러나 [가능] 탭을 눌러 팔 때는 의미가 조금 다르니 주의해야 합니다. 50%를 누르면 내가 보유하고 있는 주식 수의 절반을 팔겠다는 의미입니다.

⑥ 주문을 완료했는데 좀더 빠른 체결을 원해 더 비싸게 매수하거나, 더 싸게 매도하고 싶을 때가 있을 것입니다. 이때는 상단 작업표시줄에서 [정정/취소] 항목을 누르면 내가 했던 주문내용을 변경할 수 있습니다. 물론 주문이 완료되지 않은 경우에 한합니다.

참고로 하단의 [미체결] 단추를 누르면 주문이 밀려서 아직 체결되지 않은 나의 주문현황을 볼 수 있습니다.

국내 주식은 평일 9시~오후 3시 30분에 정규장이 운영되고, 미국은 우리나라보다 30분 늦은 9시 30분~오후 4시에 정규장이 운영됩니다. 하지만 이것은 미국 시간 기준이고, 시차를 고려하면 우리나라 밤 11시 30분~아침 6시입니다.

즉 우리나라에서 미국 주식을 사려면 밤 11시 30분에서 아침 6시 사이에 사야 합니다. 하지만 주식은 정규장 때만 매매할 수 있는 것은 아닙니다. 정규장이 열리기 전에 '프리장'이 열리고, 정규장이 끝난 이후에는 '애프터장'이 열리는데 이때도 거래가 가능합니다.

거래 시간은 모든 증권사에서 같다?

정규장은 모든 증권사가 같지만, 프리장과 애프터장의 경우 증권사마다 운영하는 시간이 다릅니다. 때문에 여러 증권사들을 비교해보고 본인 라이프스타일에 맞는 증권사를 선택하는 것이 중요합니다. 국내에는 키움증권, 미래에셋, 한국투자증권, 삼성증권 등 증권사만 스무 개가 넘습니다.

정규장과 프리장·애프터장의 차이

증권사별, 개인별 우대율에 따라 차이가 있을 수 있지만, 기본적으로 정규장 및 프리장, 애프터장에서 발생하는 거래수수료는 동일합니다.

유의해야 할 점은 프리장 및 애프터장은 정규장보다 참여자가 적고, 주식 등락폭이 클 수 있다는 것입니다. 매도와 매수 거래가 적다 보니 작은 금액에도 변동성이 큰 경향이 있습니다.

때문에 프리장에서 많이 오른다고 샀다가 정규장에서는 다시 떨어지는 경우가 발생하기도 합니다. 엄청 뜨거운 장인 경우에는 프리장에서 조금 오르다가 정규장에서는 많이 오를 수도 있고요. 저는 사람들이 많이 참여할 때가 가장 합리적인 가격이 형성된다고 생각해서 거의 정규장에서만 거래를 하고 있습니다.

서머타임

계절에 따라서 주식장의 운영 시간이 변동되기도 합니다. 서머타임 적용 시, 주식거래 시간이 1시간씩 당겨집니다. 서머타임이란 낮 시간이 길어지는 봄부터 시계를 1시간 앞당겼다가 낮 시간이 짧아지는 가을에 되돌리는 제도입니다. 이 서머타임은 해가 길게 뜨는 시간을 더 효율적으로 활용하자는 취지로 도입하게 되었다고 합니다. 서머타임이 적용되는 정확한 날짜는 매년 변경이 됩니다. 증권사 홈페이지나 모바일앱 공지사항을 통해 쉽게 확인할 수 있습니다.

2021년 미국의 서머타임 기간

3월 둘째 주 일요일 (2021년 3월 14일)	~	11월 첫째 주 일요일 (2021년 11월 7일)

키움증권 기준 미국 주식 거래 시간

구분	정식 시간	서머타임 적용 시간
프리장	18:00 ~ 23:30	17:00 ~ 22:30
정규장	23:30 ~ 06:00	22:30 ~ 05:00
애프터장	06:00 ~ 07:00	05:00 ~ 06:00

※ 정식시간에 비해 서머타임은 1시간씩 앞당겨집니다.

6

잔고 확인하기
feat. 아뿔싸, 실수

잔고 확인

주식을 매매했으면 이제 자산과 수익률을 확인할 순서입니다.

① 화면 맨 아래, 맨 오른쪽의 [계좌]를 누르세요.

② 그 후 '환율' 항목에서 [원화]를 누릅니다. 이때 중간쯤 '원화 평가 현황'이라는 항목을 누르면 더 보기 편한 화면이 뜹니다.

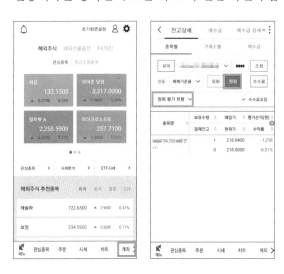

③ 이제 나의 주식자산과 수익률을 원화로 확인할 수 있습니다.

그런데 이 화면은 각별히 주의해서 봐야 하기에 각 항목별로 자세히 설명하겠습니다.

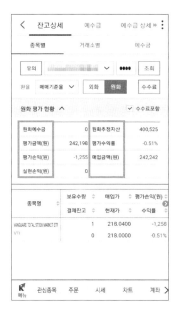

- **원화예수금** : 원화주문 서비스를 이용하는 경우 오후 7시 30분이 되면, 통장에 있던 원화예수금이 환전 대기자금으로 전환되기 때문에 0원으로 표시되니 놀랄 필요 없습니다. 외화예수금으로 전환된 것뿐이기에, 원래 보유하고 있던 원화예수금만큼 자유롭게 주문할 수 있습니다.
- **원화추정자산** : 보유한 주식과 잔여예수금을 전부 원화로 환산했을 때 추정되는 자산입니다.
- **평가금액** : 보유한 미국 주식의 가치를 원화로 환산한 금액입니다.
- **평가수익률/평가손익** : 말 그대로 나의 수익률과 손익입니다.
- **매입금액** : 주식을 매입한 총액입니다.

여기까지만 봤을 때는 별다른 특이점이 없어 보입니다. 하지만 현재2021년 4월 기준 키움증권의 프로그램은 평가수익률, 평가손익, 매입금액의 산정방식이 다소 특이합니다.

　　일반 투자자들이 볼 때 매입금액은 당연히 실제 내가 투입한 원화금액을 의미할 것으로 생각할 수 있지만, 키움증권의 매입금액원 산정방식은 다음과 같습니다.

키움증권의 매입금액 산정방식
내가 "구매했을 당시"의 달러 기준 가격 × "현재"의 환율이 말은 화면에서 제가 매입한 당시 VTI의 달러 가격은 218.04달러인데, 여기에 현재의 환율 1,111원을 곱해서 저의 매입금액을 24만 2,242원이라고 산정한다는 것입니다. 만약에 한 달 뒤에 환율이 1,000원으로 떨어지면 매입금액이 21만 8,040원으로 떨어집니다.

주식을 가만히 가지고 있어도 환율에 따라 매입금액이 올랐다 내렸다 한다는 이야기지요. 그리고 이렇게 변동하는 매입금액을 기준으로 평가수익률과 평가손익을 산정하기 때문에 실제 수익과는 전혀 다른 양상으로 표시될 수 있습니다.

예를 들어보겠습니다. 철수가 처음 투자를 시작했을 당시의 상황과 현재의 상황이 다음과 같다고 가정해보죠.

매입금액 변동의 예

구분	철수가 처음 투자했을 때	현재
달러 기준 주가	1,000달러	1,200달러
환율	1,000원	500원
매입금액	100만원	50만원
평가금액	100만원	60만원

달러 기준 주가는 20%가 올랐지만 환율이 절반으로 폭락해서, 철수의 투자금은 60만원이 되었고 원화 기준 수익률은 -40%입니다.

하지만 키움증권 MTS상에서는 철수의 최초 매입금액이 폭락한 환율과 연동되어 50만원으로실제로는 100만원임에도 불구하고 산정되고, 평가금액이 50만원보다 10만원 오른 60만원으로 표시되어 놀랍게도 수익률이 20%로 표시됩니다. 매입금액부터 변동이 생겨버리니 평가금액, 평가수익률, 평가손익이 모두 엉켜버리는 것이지요.

즉, MTS상에서 수익률이 플러스여도, 실제 수익률은 마이너스일 수도 있습니다. 또한 MTS상에서 수익률이 마이너스여도, 실제 수익률은 플러스일 수도 있는 것입니다.

이는 굉장히 주목할 내용입니다. 실제로 제 주변에도 2020년 말 환율이 폭락하던 당시 MTS상에서는 수익률이 플러스라서 주식을 모두 팔았는데, 실제로는 크게 마이너스 났던 친구들이 있기 때문입니다.

따라서 저는 정확한 수익률을 계산할 때는 총자산에서 지금까지 계좌에 입금했던 금액을 빼는 식으로 산출하는 것을 더 선호합니다. 번거로워 보이지만 실제로 해보면 의외로 계산이 깔끔하고 편합니다.

물론 이 방식을 따르려면 본인의 계좌 입금내역을 엑셀에 기록하거나 매번 이체내역을 조회해야 합니다. 이에 저는 주식투자를 본격적으로 시작하는 이들에게 본인의 투자내역을 기록하라고 권합니다.

이체내역 조회 및 배당금 확인

이체 내역은 [전체 메뉴] → [업무] → [입출금] → [이체내역 조회]를 눌러 조회할 수 있습니다. 배당금은 [전체 메뉴] → [업무] → [해외 주식업무] → [배당 입금내역]을 차례대로 선택해 들어가면 최대 1년간의 세전, 세후 배당금을 확인할 수 있으니 참고하세요.

미국 주식매매, 세금은 어떻게?

VTI를 거래할 때 발생하는 세금에는 어떤 것들이 있을까요? 세금은 사회적 환경, 자산, 부양가족 등에 따라 변수가 굉장히 많습니다. 또한 매년 각국의 상황에 따라 변하기도 하지요. 여기서는 현 시점2021년 4월 을 기준으로 보편적이고 일반적인 내용에 대해서만 설명하겠습니다.

매매 과정의 비용 및 세금

VTI 같은 해외 주식을 매매할 때는 증권사 수수료와 기타거래세가 듭니다. 기타거래세는 주식매매 과정에 관여하는 각국의 기관들로 인해 발생하는 세금입니다. 매매 시 바로 차감되어 피할 수도 없을뿐더러 세율도 매우 낮아서 신경 쓰지 않아도 됩니다.

반면 증권사 수수료는 매수, 매도 시 모두 부과되는 비용으로 잘만 선택하면 좋은 조건을 적용받을 수 있습니다. 키움증권의 경우 수수료가 0.25%2021년 4월이긴 하지만, 수수료 할인 이벤트를 자주 하다 보니 사실상 0.1%에 가깝습니다.

[잠깐] 증권사 수수료 할인 이벤트 신청하기

① [전체 메뉴] → [업무] → [공지/
이벤트] → [이벤트]를 차례대로
선택하세요.

② 현재 진행 중인 이벤트를 모두 볼
수 있습니다. 여기서 거래수수료
우대를 해주는 배너를 찾아 들어
가 신청합니다. 이런 이벤트를 자
주 하기 때문에 사실상 0.1%의 수
수료로 거래할 수 있습니다.

양도소득세와 배당소득세 한눈에 보기

해외 주식을 보유하며 배당을 받으면 배당소득세를 내야 하고, 팔아서
시세차익을 남기면 양도소득세를 내야 합니다. 물론 국내 주식도 배당
소득세나 양도소득세를 내야 하지만, 그 부과 기준은 좀 다릅니다.

배당소득세

VTI의 경우 배당금이 대략 3월, 6월, 9월, 12월, 이렇게 일년에 네 번
달러로 지급됩니다. 현지 상황에 따라서 약간 늦어져서 다음 달 초에
들어오는 경우도 있습니다.

미국 주식의 경우 배당금이 나오면, 미국에서 배당금에 따른 세금 15%를 원천징수한 후에 내 주식계좌로 입금됩니다. 따라서 절세를 할 방법도, 고민할 것도 없습니다. 단, 연간 이자 및 배당소득을 모두 합해 2,000만원이 넘으면 금융소득 종합과세 대상자가 됩니다.

양도소득세

미국 주식은 시세차익이 250만원을 넘으면 250만원을 뺀 차익의 22%를 세금으로 내야 합니다. 단, 연간 수익과 손실을 합산해 계산합니다.

수익 500만원	+	손실 200만원	=	양도세 기준 300만원	250만원 초과금인 50만원에 22% 양도세 부과
수익 300만원	+	손실 200만원	=	양도세 기준 100만원	250만원 이하로, 양도세 부과되지 않음

미국 주식 세금

종류	배당소득세	양도소득세
세율	15%	22%
공제금액	-	시세차익 합산 250만원까지
금융소득 종합과세	과세	과세하지 않음
	연간 이자와 배당소득 합계액이 2,000만원 초과 시 과세	소득세와 분리하여 과세

양도소득세는 올해 세금을 내야 한다고 했을 때, 작년 1월 1일부터 12월 31일 동안 결제가 이루어진 거래의 손익금액을 기준으로 산출합니다. 매매일이 기준이 아니라 결제일이 기준임을 명심하세요.

가령 12월 30일에 매매를 하면 결제가 3영업일 뒤에 이루어지므로 이 매매 건은 다음 연도에 반영됩니다. 이때 신고 기간은 올해 5월 1일에서 31일까지가 됩니다. 매해 5월이면 이전 해에 발생한 수익에 대한 양도소득세를 신고하고 납부해야 합니다.

기간 내 신고하지 않을 경우 무신고가산세가 부과되고, 수익을 줄여서 신고할 경우 과소신고가산세가 부과되므로 주의해야 합니다.

연간 시세차익이 250만원 이하일 경우 양도소득세가 없으니, 설령 신고하지 않아도 가산세도 없습니다만, 그럼에도 원칙적으로는 신고해야 합니다.

[잠깐] 양도소득세 신고 쉽게 하기

국세청 홈택스 사이트에 들어가 세금을 한 번이라도 내봤다면 알겠지만, 입력할 수치가 한두 가지가 아니라서 보통 힘든 일이 아닙니다. 다행히도 많은 증권사에서는 양도소득세 신고를 대행해 주는 서비스를 무료로 제공합니다. 단 양도소득 250만원 이상을 조건으로 명시하는 곳이 많습니다. 지금까지 설명한 키움증권을 예로 증권사 대행신고 서비스를 살펴봅시다.

증권사 대행신고

① 키움증권 사이트에 PC로 접속해 [해외 주식] → [온라인 업무] → [해외 주식 양도세]를 차례대로 클릭합니다.

② 보통은 4월 중순 정도까지 양도소득세 신고 대행 신청을 받으니, 늦지 말고 신청해야 합니다. 신청을 하면 필요한 절차를 증권사에서 대신 해주고 고지서를 발송해줍니다. 그 고지서 내역대로 세금을 납부하기만 하면 되니 매우 간편합니다.

8

투자할 ETF
선정하기

해외 주식투자에 필요한 기본적인 지식을 익혔으니, 이제 본격적으로 실전투자에 들어가 볼까요? 먼저 투자할 ETF를 선택해야 합니다. 제가 ETF를 선정할 때 염두에 두는 기준은 시가총액, 거래량, 운용비용, 배당입니다.단 전체 시장지수를 추종하는 것은 기본 대전제입니다. 그 이유에 대해서 간단히 설명해보겠습니다.

시가총액이 커서 규모가 큰 상품은 자산운용사에서도 특별관리를 할 수밖에 없습니다. 뿐만 아니라 많은 사람이 이용하기에 그만큼 검증되고 안전할 가능성이 높습니다.

거래량이 많은 상품을 찾는 이유는 그래야 원하는 물량을 금방금방 살 수 있기 때문입니다. 직접 투자를 해보면 거래량이 지나치게 적은 상품은 사고 팔 때 꽤나 고생하는 경우가 많습니다.

저렴한 운용비용의 중요성은 앞에서 자세히 설명했습니다. 내 파이를 갉아먹지 않는 운용비용은 장기투자에서 핵심입니다.

마지막으로 ETF 선정에 고려해야 할 것은 배당입니다. 건물주가 월세가 안 나오거나 월세인상률이 물가상승률만도 못한 건물을 가지고 있을 필요는 없겠지요.

실제로 제가 ETF를 선정하는 과정을 직접 보여드립니다. 앞서 말한 시가총액, 거래량, 운용비용, 배당의 순으로 살펴봅시다.

시가총액과 거래량 확인하기

다음의 종목들은 미국 내 시가총액 기준 1위에서 5위의 ETF이지만, 전 세계를 기준으로 해도 1위에서 5위인 ETF입니다. 다만 QQQ의 경우는 전체 시장이 아닌 벤처기업의 비중이 높은 나스닥에 투자하므로 이 책의 취지와 맞지 않아서 제외합니다.

미국 ETF 시가총액 상위 5위　　　　　　　　　　　　출처: 시킹 알파(2021.2.18)

순위	종목코드	추종지수	시가총액 (10억 달러)	운용사	운용비용(%)	설정일
1	SPY	S&P500	340.71	SSGA	연 0.09	1993년 1월 22일
2	IVV	S&P500	254.64	블랙록	연 0.03	2000년 5월 15일
3	VTI	미국 전체 시장	189.55	뱅가드	연 0.03	2001년 5월 24일
4	VOO	S&P500	187.70	뱅가드	연 0.03	2010년 9월 7일
5	QQQ	나스닥	161.09	인베스코	연 0.20	1999년 3월 10일

운용비용 확인하기

그럼 이제 1위에서 4위가 남는데, 시가총액이 200조원에 육박하는 초대형 ETF들을 두고서 1위냐 4위냐는 의미가 없겠지요. 그냥 운용비용이 저렴한 상품을 고르기만 하면 됩니다.

1위인 SPY만 운용비용이 유독 세 배나 비쌉니다. 따라서 주변 사람이 추천해달라고 하면, SPY를 제외한 IVV, VTI, VOO 중 아무거나 사면 된다고 하겠습니다. 저는 미국 전체 주식시장을 꽉 끌어안고 놓치지 않는다는 느낌이 좋아서 VTI를 선호합니다만, S&P500지수 추종 ETF나 전체 시장 추종 ETF 중 뭘 선택해도 결과는 거의 똑같습니다.

배당 확인하기

비슷한 지수를 추종하는 ETF들은 배당양상이 모두 비슷합니다. 지수와 비슷한 비율로 종목을 구성해야 지수를 성공적으로 추종할 수 있으므로, ETF 종류에 상관없이 종목 구성비율도 거의 비슷합니다.

시가총액 1위 ETF인 SPY, 같은 지수를 추종하는 IVV, 그리고 미국 전체 시장을 추종하는 VTI의 배당양상을 비교해보지요.

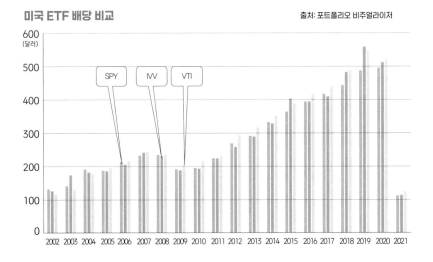

미국 ETF 배당 비교 출처: 포트폴리오 비주얼라이저

앞의 그래프는 2002년에 각각의 ETF에 1만 달러를 투입했을 때 매년 지급되는 배당금을 나타낸 것입니다. SPY와 IVV는 동일한 S&P500 지수를 추종하고, VTI는 전체 시장을 추종하지만, 세 가지 ETF가 거의 비슷한 양상으로 움직입니다.

현 시점이 2021년 초이므로 아직 2021년의 배당이 적은 것은 당연하고요. 즉 미국 ETF를 고를 때 배당금은 비교요인이 되지 않습니다. 어느 것을 고르나 배당금은 대동소이합니다.

유용한 사이트
알아두기

투자정보를 얻을 수 있는 사이트야 셀 수 없이 많지만, 인덱스펀드 투자자는 그렇게 많은 정보의 바다에서 허우적거릴 필요 없습니다. 실제로 제가 이용하는 사이트만, 거기서도 제가 이용하는 메뉴만 콕 집어 추천하니 그것만 봐도 충분합니다.

시킹 알파

시킹 알파는 제가 배당 관련 지표를 확인할 때 쓰는 사이트seekingalpha.com입니다. 다음은 시킹 알파에서 미국 전체 주가지수를 추종하는 ETF인 VTI를 검색했을 때의 모습입니다. 저는 [Dividends] 메뉴를 주로 사용합니다. 하위 메뉴 중에서는 [Dividend Yield]와 [Dividend Growth] 그리고 [Dividend History]를 이용합니다.

① Dividend Yield : 배당수익률을 조회할 수 있습니다.

② Dividend Growth : 배당성장률을 조회할 때 사용합니다.

③ Dividend History : 역대 배당내역, 즉 배당지급일과 배당지급액 등을 조회할 수 있습니다.

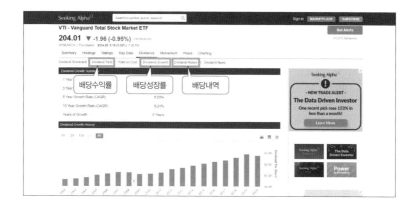

트레이딩 뷰

트레이딩 뷰Tradingview.com는 아주 방대한 기간의 주가 그래프를 볼 수 있고, 한국인 맞춤으로 원달러 환율로 환산된 그래프까지 확인할 수 있어서 유용합니다.

① 트레이딩 뷰 사이트로 들어가면 상단에 티커종목코드를 입력하는 검색창이 있습니다. 여기에 VTI를 입력해보겠습니다.

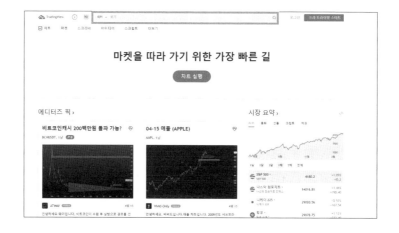

② 다음처럼 VTI의 역대 기간이 모두 반영된 주가 그래프가 나옵니다.

그 외에 트레이딩 뷰에서 제가 종종 검색하는 유용한 검색어는 다음과
같습니다.

- SPY : 이름과 같이 SPY ETF의 그래프를 조회할 수 있습니다.

- SPX : S&P500지수 그래프를 조회할 수 있습니다.

- *USDKRW : 원달러 환율 그래프를 조회할 수 있습니다. 참고로
  내가 원하는 종목 뒤에 '*USDKRW'라는 문구를 덧붙여서 검색하
  면, 시시각각 변해온 환율을 반영해 원화로 환산된 그래프를 조회
  할 수 있습니다.

  예를 들어 그냥 'VTI'라고만 검색하면 달러 기준의 그래프가 나오
  지만, 'VTI*USDKRW'라고 검색하면 원화로 환산된 그래프를 조
  회할 수 있습니다.

야후 파이낸스

야후 파이낸스finance.yahoo.com는 설명이 필요 없을 만큼 이미 유명한 사이트이고 얻을 수 있는 정보도 무한합니다. 다만, 저는 단순히 통계 자료를 엑셀로 추출할 때만 야후 파이낸스를 사용합니다.

① 야후 파이낸스 사이트에서 찾고 싶은 종목코드를 검색하고 [His-torical Data]라는 메뉴를 누른 뒤 [Historical Prices]를 클릭합니다.

② 각종 ETF의 역대 주가, 배당금 등의 통계 자료를 엑셀 파일로 다운 로드받을 수 있습니다.

포트폴리오 비주얼라이저

포트폴리오 비주얼라이저www.portfoliovisualizer.com는 과거 자료를 바탕 으로 수익률 변화 등의 내가 필요한 자료를 뽑아낼 수 있는 백테스팅* 프로그램입니다.

무한한 활용성이 있는 사이트이지만, 달러화로만 계산이 가능하다 보니 한국인 입장에서 100% 정확도를 달성하기는 불가능합니다. 또한 추세만 파악하는 데 수많은 기능을 다 외우는 것도 비효율적입니다. 이에 제가 사용하는 메뉴 위주로 설명하겠습니다.

① 먼저 포트폴리오 비주얼라이저 사이트에 접속한 다음 [Backtest Portfolio]를 클릭합니다.

＊ 백테스팅(back testing)은 과거의 데이터를 활용해 내가 생각하는 투자전략의 수익률을 계산하는 방식입니다. 미래는 예측할 수 없지만 과거의 데이터를 바탕으로 포트폴리오의 수익률을 유추해볼 수는 있습니다. 예를 들어 내가 구상하는 전략대로 2008년에 투자금 1만 달러를 투입했을 시 현재는 얼마인지 등을 확인할 수 있습니다.

② 다음과 같이 다양한 설정을 할 수 있는 화면이 나옵니다.

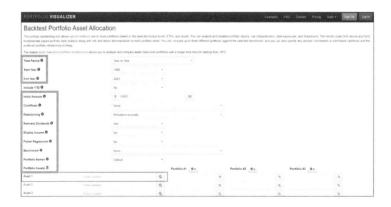

- Time Period : 수익률 변화 등 테스트해보고 싶은 기간을 연 단위 혹은 월 단위로 선택합니다.
- Start Year : 시작 연도를 설정합니다.
- End Year : 종료 연도를 설정합니다.
- Initial Amount : 최초 투입자금을 설정합니다.
- Cashflows : 한 달, 1년, 분기마다 일정 자금을 입금하거나 출금하는 상황을 설정할 수 있습니다.
- Rebalancing : 두 가지 이상의 자산을 섞을 경우 시간이 흐르면 당연히 그 비율이 흐트러지는데, 정기적으로 다시 비율을 재조정할지 여부를 설정할 수 있습니다.
- Reinvest Dividends : 배당금을 재투자할지 설정합니다.
- Display Income : 연간 지급되는 배당금 그래프를 확인할 수 있도록 설정합니다.
- Benchmark : 내 포트폴리오 성과를 S&P500지수 등의 여러 가지 기준과 비교해보고 싶을 때 클릭해 설정합니다.
- Portfolio Assets : 실험해보고 싶은 종목을 입력합니다. 여러 종목을 섞은 결과도 확인할 수 있습니다.

이러한 항목들을 목적에 맞게 설정 후 클릭하면 그 자세한 결과를 보여줍니다. 역대 주가 그래프, 최대 낙폭, 연간 수익률 현황, 연간 배당금 현황 등 풍부한 자료를 얻을 수 있습니다.

[잠깐] 돈의 주인인가, 돈이 주인인가

『부자 아빠 가난한 아빠』의 저자인 로버트 기요사키는 보유자산을 통해 저절로 들어오는 현금흐름을 늘리는 것이 부자로 가는 길이라고 했습니다. 즉 부자가 되기 위해서는 돈이 스스로 돈을 벌어오게 해야 합니다. 그리고 지금까지 봐왔듯이 인덱스펀드는 그 길 중에 가장 쉬운 길입니다.

부자가 되는 방법이 여러 가지가 있듯이, 투자라고 다 같은 것이 아닙니다. 인덱스펀드처럼 돈이 돈을 벌어오게 하는 경우도 있지만, 그 반대의 경우도 있습니다. 이쯤에서 생각나는 친구가 있습니다.

그 친구는 주식투자에 빠진 이후로 매일 아침 7시에 일어납니다. 그 전날 불안한 주식에 들어간 경우 자기도 모르게 새벽 4~5시에 깬다고 합니다. 아침 9시 증시 개막부터는 전투 모드입니다. 같이 밥을 먹어도 '잠시만', '잠깐만' 하면서 스마트폰을 보고, 대화를 해도 '그래, 그래, 그랬니' 하면서 스마트폰을 봅니다.

원래 가끔씩 저녁도 같이 먹었는데, 요즘 해외 주식이 대세라 퇴근 후에는 미국 주식시장을 공부해야 한다고 시간이 없어 미안하다고 합니다.

그래도 다행히 어느 정도 수익은 내고 있는 것 같습니다. 설마 하는 마음에 수익률을 물어봤는데 코스피 상승률보다 조금 낮습니다. 그래서 차마 인덱스펀드 이야기는 꺼내지 못했습니다.

"와우, 오늘도 좀 벌었다. 역시 부자가 되려면 돈을 잘 굴려야 돼."
'음… 친구야, 미안한데 지금은 돈이 너를 굴리고 있는 것 같다.'

여러분은 다음 두 그림 중 어디에 해당하는지요?

이렇게 쉽게 돈을 벌어도 되나?

여러분은 투자와 투기의 차이를 명확히 알고 계십니까? 사실 이 두 가지는 사람마다 정의가 제각각이라 엄밀히 구별하기는 어렵습니다. 『Basic 고교생을 위한 사회 용어사전』에는 "투자는 생산활동을 통한 이익을 추구하지만 투기는 생산활동과 관계없는 이익을 추구한다"라고 써 있습니다. 이것은 제 가치관과 거의 동일합니다.

예를 들어 제가 감자밭을 1억원에 샀다고 가정하고, 제가 생각하는 투자와 투기를 정의해보겠습니다.

투자와 투기의 차이점

투자는 1억원짜리 감자밭을 1년 동안 열심히 일궈서 생산량을 두 배로 늘린 후 2억원에 파는 것입니다. 저는 투자수익인 1억원을 얻어서 좋고, 감자를 키울 구매자는 앞으로도 두 배의 생산량을 낼 감자밭을 사서 좋은 윈윈Win-Win 거래이지요.

반면 투기는 저의 감자밭이 아직 1년이 채 되지 않아 감자 생산량이 얼마가 될지 불확실한 상황 속에 열 배가 될 거라는 소문만 듣고 감자밭을 다섯 배에 미리 사는 것입니다. 이 구매자가 감자밭에서 농사를 지을 확률은 아마 거의 없겠지요. 밭에서 감자가 열 배로 수확되는 것을 확인하자마자 되팔 요량일 것입니다. 그러나 결국 수확량은 그에 못 미치고, 저는 4억원의 투자수익을 얻지만 구매자는 큰 손실을 입습니다.

이처럼 생산활동과 유리되어 있을수록, 또한 투자 기간이 짧아질수록 투자가 투기로 변할 가능성은 당연히 높아집니다. 누군가 A회사 주식을 어제 샀다가 오늘 비싸게 팔았다면 그것은 투자일까요? 투기일까요? 성장하는 회사에 돈을 넣는 것이 투자입니다. 그 짧은 시간인 하루 만에 실질적으로 회사가 성장해봐야 얼마나 했겠습니까?

투자자가 많아질수록 사회 전반의 투자 피해자는 줄어듭니다. 투기꾼들이 많아질수록 앞서 감자밭을 5억원에 사는 것과 같은 투자 피해자가 늘어갑니다.

제가 회사를 차려 주식을 판다고 할 때, 저는 회사의 성장률에 비례하는 합당한 가격에 주식을 팔고 싶습니다. 아무리 생각해도 제 회사 주식의 적정가는 지금의 두 배인데, 어디선가 가짜뉴스를 듣고 오신 분들이 대여섯 배에 사겠다고 하면, 마음이 몹시 불편할 것 같거든요. 이 책도 이와 같은 마음으로 썼습니다. 선량한 투자자들에게 올바른 투자 방법을 알려드리고자 했습니다.

노후 대비를 위해 배당주를 사러 온 노부부

노동의 가치를 믿는 이들을 위한 투자법

저는 노동의 가치를 중시합니다. 적당한 노동은 인간의 행복을 위해 매우 중요하다고 생각합니다. 인간은 노동을 통해 보람과 성취감을 느끼고, 이로 인해 사회 전체의 부가가치는 늘어납니다. 구성원의 노동 없이 투기만 이루어지는 사회는 서로의 돈을 뺏고 뺏기는 거대한 카지노판에 불과합니다.

물가가 계속 오르는 이 사회에서 묵묵히 노동하며 성실히 예금만 한 사람은 오히려 자산가치가 야금야금 깎이며 손해를 보고 있으니 아이러니한 세상입니다. 그래서 이 책은 노동의 가치를 아는 사람들이 투자에는 최소한의 시간만 할애하며 착실히 자산을 불리길 바라는 마음에서 쓴 책입니다.

혹시 피땀 흘려 벌지 않은 돈은 가치가 떨어진다고 생각하나요? 아무 고민 없이 돈이 남을 때마다 인덱스펀드만 매집했을 뿐인데 돈을 번다는 것이 뭔가 내키지 않고 찜찜한가요?

노동의 가치를 중시하는 대부분의 사람들은 '투자'라는 말에 약간의 거부감을 느낍니다. 그러나 과감히 말하지만 절대 그렇게 생각할 필요 없습니다. 여러분께서 이 책의 내용에 깊이 공감하고 실천하는 것 자체가 쉬운 일이 아니기 때문입니다.

당신도 성과를 누릴 자격이 있다

저도 지금이야 묵묵히 인덱스펀드를 매집하는 단순한 행동으로 큰 수익을 거두고 있지만, 인덱스펀드에 대한 깊은 공부와 경험이 없는 상태에서는 이러한 상태를 유지하기가 힘들다는 사실에 공감합니다.

왜냐하면 수시로 주변 사람들의 소식이 들리는데, 급등주를 잘 노린 이들의 수익이 훨씬 높은 것 같아 자꾸만 흔들리니까요. 또한 한편으로는 시장상황을 예측하지 않고 묵묵히 사기만 해서 수익을 낸다는 게 좀처럼 믿기 어렵고 무식해 보이기도 해 시작을 꺼리게 되는 것이지요.

때문에 인덱스펀드에 대한 철저한 지식과 믿음이 쌓이지 않은 사람들은 외부의 유혹에 무너져 다른 투자방식으로 쉽게 전향합니다.

실제로 저는 수많은 자료 및 통계와 씨름한 끝에 인덱스펀드의 우수함을 깨닫고 주변 사람들에게 전파했지만, 결국 대다수는 중도이탈하고 말았습니다. 이들은 다른 전략으로 높은 수익률을 일시적으로 올리는 듯하다가, 장기적으로 점점 인덱스펀드의 수익률에 밀리는 것을 확인하고 결국 다시 돌아오곤 했습니다.

혹시 주변에 인덱스펀드에 장기투자하여 큰 수익을 올린 사람이 있습니까? 그렇다면 그는 자신의 피땀으로 창출한 자본을 투입하고, 요행을 바라지 않고, 역사적인 분석과 통계를 믿으며, 주변상황에 흔들리지 않고 묵묵히 건전한 투자를 유지한, 실로 대단한 사람입니다. 그는 막대한 투자성과를 누릴 권리가 있으며 그것은 절대 쉽게 번 불로소득이 아님을 강조합니다. 여러분도 그 성과를 누릴 자격이 충분합니다.

독자들과 함께하는 Q&A

Q 2020년 코로나19 이후 시작된 불장에서 VTI로 고수익을 거둔 사람들도 꽤 있을 것 같은데요. VTI 투자가 이러한 급상승장이 아니라 보통의 시기에도 통하나요?

물론입니다. 다만 저는 인덱스펀드의 단기 수익률이 높은 것을 강조하고 싶지는 않습니다. 장기 적립식 투자를 할 때 최상의 무기라는 점을 강조하고 싶습니다. 따라서 자칫 독자분들이 책의 서두에 말한 제 자산증가율을 수익률이라고 오해하지 않았으면 합니다.

Q 2020년 코로나19 이후 우리 주식시장뿐 아니라 미국 주식시장도 역사적으로 매우 인상 깊은 상승장을 경험했습니다. 그런데 주식시장의 하락기가 되면 수익률이 떨어질 수도 있을 텐데요.

VTI 같은 인덱스펀드를 계속 보유 및 추가 매입을 해야 하는지, 또는 일부를 현금화하고 추가불입은 계속하는 것이 좋은지 궁금합니다.

저는 코로나19 훨씬 전부터 투자를 시작했기 때문에, 2020년 3월 코로나19 폭락장 당시 전고점 대비 하락폭이 꽤 컸습니다. 하지만

VTI 투자를 시작한 이래 매도한 적이 한 번도 없습니다. 당시 비록 코로나19 위기로 주가는 폭락했지만, 오히려 환율이 오르면서 배당금은 거의 줄지 않았기에 느긋한 마음으로 기다릴 수 있었습니다.

제가 주가에 따라 매도하지 않는 또 다른 이유는, 주가는 예측 불가능하다고 믿기 때문입니다. 지금 되돌아보면 2020년 3월이 코로나19 위기 이후 바닥을 다지는 저점이었다는 것이 그래프상으로 명백히 보입니다. 그러나 당시에 최고의 매수시점을 눈앞에 두고도 많은 사람들이 감히 주식을 살 생각을 하지 못했습니다. 또한 이때 매수했던 사람들 중에는 조만간 2차 침체기가 올 거라는 예측을 믿고, 주가가 살짝 올랐을 때 전부 팔아버린 경우도 종종 있었습니다.

즉, 현재의 주가가 최저점인지 판단하기도 힘들지만, 최고점을 예측해서 제때 팔기도 굉장히 어렵고, 그런 예측과정 자체가 삶의 에너지를 많이 뺏기는 일입니다. 때문에 저는 그저 목돈이 생길 때마다 묵묵히 매수만 해나갈뿐입니다.

Q VTI도 적금처럼 정해진 날짜에 일정 금액을 자동 구입할 수 있게 설정할 수 있나요?

제가 쓰는 키움증권을 기준으로 설명하면 일단 '주문적립식 자동주문 서비스'라는 기능이 있지만, 국내 주식 및 국내 ETF에 한정해 제공됩니다. 해외 주식에도 그런 기능을 제공하는 증권사가 있지만, 대신 수수료가 0.5%에 달합니다. 장기적으로 보면 수수료 0.5%는 상당히 고액인지라, 저는 이런 기능이 있어도 실제 사용하지는 않을 것 같습니다.

Q 현재 2021년 6월 미국 주식시장이 너무 많이 올라 있는 상태인 것 같은데요. 지금 VTI 투자를 시작해도 될까요?

많은 경제학자들처럼 저 역시 주가는 예측할 수 없는 것이라고 생각합니다. 주식시장의 거품을 측정하는 대표적인 산정법 중에 버핏지수라는 것이 있습니다. 주식시장의 시가총액을 GDP로 나눠 계산하는 것입니다. 이 버핏지수는 워런 버핏이 2001년 한 인터뷰에서 "적정 주가수준을 측정할 수 있는 최고의 단일 척도"라고 강조하면서 이렇게 불리게 되었습니다.

버핏지수가 높을수록 주식시장에 거품이 낀 것으로 봅니다. 예를 들어 버핏지수가 70~80% 수준이면 저평가, 100% 이상이면 거품으로 해석합니다. 문제는 모든 국가가 신뢰할 만한 GDP 수치를 제공하는 것이 아니며, GDP는 디지털경제 및 녹색경제 등 무형자산을 측정하기는 어려운 지표라서 4차산업혁명과 친환경으로 대표되는 앞으로의 미래를 반영하기 어렵다는 단점이 있다는 것입니다.

또한 설령 버핏지수 등의 지표를 확인해 성공적으로 주식시장이 거품인 것을 포착했다 해도, 그 거품이 어떻게 해소될지 알 수가 없다는 문제도 있습니다. 버핏지수는 주가의 하락 없이 GDP만 상승해도 낮아지므로, 이로 인해 거품이 사라지는 것처럼 보이기 때문입니다. 즉 우리는 주식시장의 거품을 예측하기도 어렵지만, 예측한다고 해도 그 거품이 꺼질지 지속될지 알기 어렵습니다.

지금 미국 S&P500지수의 최근 10년치 그래프를 보면108쪽 참조, 누구나 2011년이 최고의 투자 타이밍이었다는 것을 알 수 있습니다. 하지만 당시에는 미국 증시가 거품이며 곧 폭락할 것이라는 분석들이 수없이 많았습니다.

저는 투자의 적기는 따로 없다고 생각합니다. 또한 장기투자자는 위기를 피할 생각보다는 위기를 버텨낼 생각으로 투자에 임해야 한다고 생각합니다. 따라서 저는 현재도 여유자금이 생길 때마다 VTI를 매수하고 있습니다.

다만, 무분별하게 '몰빵식 투자를 하라'는 말은 절대 아닙니다. 투자에 정답은 없기에, 제 나름대로의 기준인 '50%의 룰'을 다음 질문들에 답하며 소개하겠습니다.

Q 40대 직장인입니다. 저축여력은 월 400만원입니다. 그동안 예금에 넣어둔 목돈 5,000만원이 있는데 이자가 연 1%에 불과해서, 이걸 일정 정도 VTI에 투자하고 싶습니다. 어느 정도의 비중이 적절할까요? 한꺼번에 사려니 걱정이 됩니다.

Q 은행에 정기예금으로 5억원을 예치하고 있습니다. 곧 만기가 되는데 금리가 너무 떨어져 고민입니다. 올해부터 VTI에 투자하고 싶습니다. 돈을 쪼개서 일주일 간격, 또는 한 달 간격으로 사야할까요? 목돈으로 사는 것에 대한 의견을 듣고 싶습니다.

두 분의 질문은 크게 두 가지로 나눌 수 있습니다.

1. 목돈의 어느 정도 비율까지 인덱스펀드에 투자하면 될까요?
2. 목돈을 한 번에 투자하는 것이 나을까요? 아니면 나눠서 적립식
   으로 하는 것이 좋을까요?

일단 사람마다 여유자금, 사회적 환경, 건강상태, 가족관계 등 모든 상황이 다르기 때문에 일률적인 답을 하는 것은 불가능합니다. 때문에 이 답변은 순전히 저의 개인적인 경험과 생각에 기반한 것임을 미리 말씀드립니다.

1번 질문에 대한 답변입니다. 저는 투자의 적기는 따로 없으며 여유가 될 때마다 꾸준히 투자를 하자는 가치관을 가지고 있습니다. 제 원칙은 50%의 손실이 나도 삶에 큰 지장이 없는 선의 자금까지만을 투자한다는 것입니다. 이 기준은 1985년 1월부터 2016년 1월까지 31년간 무작위로 하나의 달을 골라서 5년간 투자성과를 산출한 후 그 결과를 바탕으로 정했습니다.이 실험의 결과는 119쪽에 나옵니다.

이 실험에 따르면 5년을 투자했을 때, 가장 박복했던 투자자는 1998년 2월 1일에 투자를 시작하여 2003년 2월 1일까지 기다렸던 사람입니다. 이 사람은 당시 외환위기로 폭등한 환율 때문에 가뜩이나 비싼 가격에 미국 주식을 구매한 데다가, 2003년에는 역사적인 경제위기인 IT버블 붕괴에 걸려서 결국 약 40%의 손실을 봅니다.

저는 거기에 10%의 손실을 더해서, 제가 만약 최악의 위기를 겪는다면 50%까지도 잃을 수 있다는 마음가짐을 가지고 투자에 임하기로 마음먹었습니다. 이를 저는 '50% 룰'이라고 합니다.

물론 저는 무분별한 몰빵투자를 권장하지 않습니다. 하지만 반대로 빚투를 무조건 부정적으로 보지도 않습니다. 만약에 50%를 잃어도 생활에 큰 지장이 없는 선까지만 투자를 한다면, 빚투 역시 전략적인 레버리지 투자가 될 수 있습니다.

이런 '50% 룰'을 적용하면 투자자금을 정하기도 수월합니다. 만약에 내가 현재 목돈 5,000만원이 있고 조만간 자식의 결혼자금으로 4,000만원이 무조건 필요한 상황이라면, 저는 3,000만원은 예금을 하고 나머지 2,000만원을 VTI에 투자할 것입니다. 설령 50% 손실을 입어 1,000만원만 남더라도 4,000만원은 지킬 수 있으니까요.

이어서 2번 질문에 대한 답변입니다. 사실 많은 사람들이 적립식 투자에 대한 환상을 가지고 있습니다. 하지만 개별종목은 몰라도 최소한 인덱스펀드에서만큼은 적립식 투자는 일시불 투자에 비해 크게 안전하지도 않을뿐더러 수익률도 매우 뒤처질 가능성이 높습니다.

'달러 비용 평균 vs 총액 : 결정적인 가이드Dollar Cost Averaging vs. Lump Sum: The Definitive Guide'라는 분석에 의하면, 1997년 이후의 모든 24개월 기간을 표본으로 했을 때, 적립식 투자의 수익률은 일시불 투자에 비해 78%의 확률로 저조했습니다. 위험수준을 비교해도 크게 우월하다고 할 수 없기에, 이 분석가 역시 설령 시장이 고평가된 느낌이 든다고 해도 일시불 투자를 권장한다고 합니다.

124쪽에 나오는 저의 통계분석 결과도 거의 비슷합니다. 무작위로 5년간 투자금을 굴렸을 때, 일시불 투자와 적립식 투자는 손실을 볼 확률이 소수점 두 자리까지 똑같았습니다.

손실규모를 계산해보면 시기를 잘못 만났을 때 일시불 투자는 최대 39.85%까지 손실을 입지만, 적립식 투자 역시 손실이 최대 31.33%로 안전하다고 볼 수 없는 수준이었습니다. 하지만 평균 기대수익률은 일시불 투자가 73.05%이고, 적립식 투자는 34.15%로 두 배 이상의 큰 차이를 보였습니다.

요약하자면 적립식 투자는 일시불 투자에 비해 기대수익률은 크게 떨어지지만, 그렇다고 안정성이 크게 높지도 않았다는 것입니다.

결과적으로 우리가 만약 일시불 투자를 해서 손실을 입는다면, 그것은 일시불 투자 자체가 원인이 아니라 위험한 주식종목이었거나 경제위기를 만난 것이 근본원인일 가능성이 큽니다. 이러한 원인일 때는 적립식 투자를 한다고 해도 비슷한 손실을 입었을 것입니다. 따라서 저는 앞서 말씀드린 '50% 룰'을 지키는 선에서는 여유자금이 생기는 대로 고민 없이 일시불로 투입합니다.

Q 4만 달러의 정기예금이 만기가 되었습니다. 요즘 달러 예금은 이자가 없다시피 합니다. 그야말로 제로금리네요. VTI를 사고 싶은데, 원화로 환전해서 주식계좌로 넣어야 하는지, 아니면 달러 상태로 바로 주식계좌로 넣을 수 있는지 궁금합니다.

달러 상태로 바로 주식계좌에 넣는 것도 가능합니다. 증권사에서 가상계좌를 만든 후 거기에 입금하면 주식계좌에 들어가는 방식입니다. 가상계좌를 만드는 방법은 240쪽에 따로 설명을 해두었습니다.

Q 대학교 1학년 아이들을 둔 부모입니다. 애들에게 경제공부와 투자공부를 하라고 권하고 있는데요. 책이 출간되면 꼭 읽어보라고 권하고 싶을 만큼 인상적인 내용이었습니다. 아이들이 아르바이트를 해서 매월 50만원을 적금에 넣고 있는데요. 일단 적금식으로 매월 VTI를 조금씩 사라고 권하고 싶은데, 어느 정도의 비중이 좋을지, 그 이유는 무엇인지 궁금합니다.

Q 31세의 직장인입니다. 아직 주식투자를 해본 적이 없는데요. 적금만 넣던 제가 눈을 새로 뜬 느낌입니다. 한 달에 세후 300만원을 벌어서 150만원을 적금에 넣고 있는데요. 장기투자의 관점이라면 150만원을 모두 넣고 싶지만, 35세가 되면 부모님 집에서 독립을 할까 생각 중이라 월세보증금을 마련해야 해서 투자비중을 어떻게 가져가야 할지 고민이 됩니다.

두 분의 질문 역시 정답이 있을 수 없는 문제이다 보니, 저의 과거 경험을 바탕으로 저만의 생각을 말씀드리니 참고하시길 바랍니다.

만약에 지금보다 더 젊은 시절로 돌아간다면, 저는 여유자금이 생기는 대로 모두 VTI를 매수할 것 같습니다. 이렇게 말하면 앞서 말한 '50%의 룰'에 위배되는 것이 아니냐며 의아해할 수도 있을 것입니다.

하지만 질문자와 같은 적금식 투자는 약간 상황이 다릅니다. 141쪽에서 상세히 설명했다시피 많이들 간과하는 인덱스펀드의 숨은 위력은 '저축 유발력'입니다.

인덱스펀드는 주식 중에서는 안전하고 우상향이 예상되는 상품입니다. 그렇기 때문에 건실하고 유망한 곳에 꾸준히 투자활동을 하고 있다는 자부심과 안정감을 느끼게 됩니다. 이런 투자의 구심점이 생기면 강력하게 동기가 부여되고 저축의 원동력이 생깁니다. 즉 저축액 자체가 늘어나게 됩니다.

지루하게 예금을 할 때나 위험한 주식에 찔끔찔끔 조마조마 투자할 때와는 차원이 다르게, 적극적으로 아껴 쓰고 과감하게 저축하게 됩니다. 가령 예전에는 그냥 남는 돈 10만원씩을 마지못해 예금하거나 투자하던 사람이 확실한 목표가 생기니 적극적으로 20만원씩 모으게 되는 식입니다.

때문에 설사 투자금이 반토막 나더라도 저는 인덱스펀드를 몰랐던 시절보다 더 많은 돈을 모을 수 있을 것입니다. 이것은 제가 인덱스펀드를 권하는 결정적인 이유이기도 합니다.